瑞昌骄子
潘际銮

甘筱青　范远强　柯镇昌 编著

江西人民出版社
Jiangxi People's Publishing House
全国百佳出版社

图书在版编目（CIP）数据

瑞昌骄子潘际銮 / 甘筱青 , 范远强 , 柯镇昌编著
. -- 南昌 : 江西人民出版社 , 2024.8
　ISBN 978-7-210-15267-5

Ⅰ . ①瑞… Ⅱ . ①甘… ②范… ③柯… Ⅲ . ①潘际銮
—传记 Ⅳ . ① K826.1

中国国家版本馆 CIP 数据核字（2024）第 030912 号

瑞昌骄子潘际銮　　　　　　　甘筱青　范远强　柯镇昌　编著
RUICHANG JIAOZI PAN JILUAN

责 任 编 辑 : 陈　茜
封 面 设 计 : 回归线视觉传达

 出版发行

地　　　　址 : 江西省南昌市三经路 47 号附 1 号（邮编 : 330006）
网　　　　址 : www.jxpph.com
电 子 信 箱 : jxpph@tom.com
编辑部电话 : 0791-86898137
发行部电话 : 0791-86898815
承　印　厂 : 南昌市红星印刷有限公司

开　　　本 : 720 毫米 ×1000 毫米　1/16
印　　　张 : 10
字　　　数 : 118 千字
版　　　次 : 2024 年 8 月第 1 版
印　　　次 : 2024 年 8 月第 1 次印刷
书　　　号 : ISBN 978-7-210-15267-5
定　　　价 : 98.00 元
赣版权登字 –01-2024-556

版权所有　侵权必究

赣人版图书凡属印刷、装订错误，请随时与江西人民出版社联系调换。
服务电话 : 0791-86898820

目　录

瑞昌骄子潘际銮

瑞昌骄子潘际銮

绪　论

钟灵毓秀的赣北大地，矗立着千古名山——庐山，而环绕庐山的是江西省地级市九江。九江市古称柴桑、江州、浔阳，是一座有着 2200 多年历史的江南名城。2022 年 4 月 2 日，国务院批复："同意将九江市列为国家历史文化名城。九江市历史悠久、文化厚重，传统格局、历史风貌和地域文化特色鲜明，文化底蕴和历史遗存丰富，具有重要的历史文化价值。"[①] 九江是长江经济带、大京九经济协作带交叉点，是长江中游区域中心港口城市，是全

① 《国务院关于同意将江西省九江市列为国家历史文化名城的批复》，中国政府网，www.gov.cn，2022 年 4 月 2 日。

国首批 5 个沿江对外开放城市之一，号称"三江之口，七省通衢"，有"江西北大门"之称。其中瑞昌，寓意瑞祥昌盛，为江西省九江市下辖县级市，位于江西省北部偏西，长江中下游南岸，东邻柴桑区，南接德安县、武宁县，西界湖北省阳新县，北与湖北省武穴市隔江相望，交通便捷。全市总面积 1442 平方公里，总人口 46 万。

瑞昌是中国青铜冶炼之源，境内铜岭古铜矿遗址是我国矿冶遗址中年代最早的大型遗址，距今约 3300 年；瑞昌剪纸和竹编被列入国家级非物质文化遗产名录；传统文化和地方文化丰富多彩，交相辉映。瑞昌是文人荟萃之地，涌现了许多历史名人。中国科学院院士、焊接工程专家、教育家潘际銮就是瑞昌骄子。

潘际銮，1927 年 12 月 24 日出生于江西瑞昌，中国科学院院士，清华大学教授、博士生导师，南昌大学校长（后为名誉校长），九江学院学术委员会主任。1944 年潘际銮考入国立西南联合大学机械系；1946 年转入清华大学机械系继续学习；1948 年从清华大学毕业后留校任教；1950 年进入哈尔滨工业大学机械系就读硕士研究生；1953 年硕士毕业后担任哈尔滨工业大学机械系教师，参与创建了哈尔滨工业大学的焊接专业；1955 年返回清华大学机械系，建立焊接教研组，并担任教研组主任，并先后担任讲师、副教授、教授。1980 年被选为中国科学院学部委员（后改称中国科学院院士）；1987 年担任秦山核电站焊接顾问；1993 年出任南昌大学校长、党委副书记；2002 年担任南昌大学名誉校长；2011 年担任西南联大北京校友会会长。潘际銮主要研究焊接工艺、焊接自动化、焊接电源、可焊性，是中国焊接学科创始人之一 。[①]

2022 年 4 月 19 日下午，清华大学发布公告：

中国共产党优秀党员、中国科学院院士、国际著名焊接工程教育家和焊接工程专家、清华大学机械工程系教授潘际銮同志，因病医治无效，于 2022 年 4 月 19 日在北京逝世，享年 95 岁。潘际銮同志 1927 年 12 月 24 日出生于江西瑞昌，1944 年考入国立西南联合大学，1948 年毕业于清华大学机械工程学系并留校任教至今。曾于 1992 年至 2002 年受聘担任南昌大学校长。1956 年 4 月 1 日加入中国共产党。1980 年当选为中国科学院学部委员（院士）。

潘际銮同志长期从事焊接科学技术研究，取得了多项重要创新性成果，在不同历史时期，为国家的科技进步创造了多项"第一"，推动了先进焊接技术装备在国家重大工程中的应用，引领和带动了国际焊接工程科学发展。

潘际銮同志曾获得众多荣誉和奖励，包括国家技术发明奖一等奖、国家科学技术进步奖二等奖、何梁何利基金科学与技

① 《师资队伍，两院院士：潘际銮》，清华大学网站，www.tsinghua.edu.cn，2018 年 10 月 1 日。

术进步奖、中国机械工程学会科技成就奖、中国焊接学会最高荣誉奖、国家级教学成果奖等。曾被授予北京市特等劳动模范，两次被授予全国五一劳动奖章。曾当选为中国共产党第十一次、第十五次全国代表大会代表。

对潘际銮院士的辞世表示沉痛哀悼！

2019 年 5 月，中共中央办公厅、国务院办公厅出台了《关于进一步弘扬科学家精神加强作风和学风建设的意见》，要求大力弘扬胸怀祖国、服务人民的爱国精神，勇攀高峰、敢为人先的创新精神，追求真理、严谨治学的求实精神，淡泊名利、潜心研究的奉献精神，集智攻关、团结协作的协同精神，甘为人梯、奖掖后学的育人精神。这六个方面，构成了科学家精神的主要内涵，是我国科技工作者在长期实践中积累的宝贵精神财富。2021 年 9 月，科学家精神被纳入第一批中国共产党人精神谱系的伟大精神。在潘际銮院士身上，比较全面地体现了科学家精神。

早在 2020 年，瑞昌市老科协就提出关于启动"潘际銮院士科技教育基地"建设的建议，得到市委、市政府等班子的一致赞同，并且派出代表赴北京与潘际銮院士接洽，听取意见。潘院士感谢家乡人民的关怀，表示会全力配合和支持。瑞昌市委常委会第 104 次会议同意建设"潘际銮科技教育基地"。建设这个基地，是为了大力弘扬潘际銮院士"科技报国，科技兴国，科技强国"的精神，进一步激励青少年树立正确的世界观、人生观、价值观，引领青少年奋发学习，勤于钻研，勇攀科学高峰。经过两年多的规划设计与建设，潘际銮科技教育基地于 2023 年 3 月竣工。

本书从科学家精神切入，展现瑞昌籍中国科学院院士潘际銮的成长经历、家国情怀、道义涵养、突出业绩、造福桑梓等，为民众树立学习榜样，激励发扬以爱国主义为底色的科学家精神，进一步推动地方经济与社会发展。书中对潘际銮院士的事迹整理，部分取自于潘际銮院士为家乡瑞昌市建设潘际銮科技教育基地提供的资料，部分取自于《一所地方大学的崛起——潘际銮教育文集》[①]《一个院士的足迹》[②]《大先生潘际銮一家子》[③] 等文献。

---

① 徐丽萍：《一所地方大学的崛起——潘际銮教育文集》，化学工业出版社 2007 年版。

② 徐丽萍：《一个院士的足迹》，化学工业出版社 2007 年版。

③ 胡辛：《大先生潘际銮一家子》，《江南都市报·洪城里》，2022 年 4 月 28 日。

第一章

故乡瑞昌与家世家风

　　1927 年 12 月 24 日，潘际銮出生于江西瑞昌溢城街道荆林街的一个书香门第。潘家诗书传承，格物致知，一门英豪，为国家振兴与发展做出了重要贡献。潘际銮与夫人修身齐家，相扶相守，堪称模范。

家风传承

　　据潘氏族谱记载：宋朝威武将军、节度使潘骞镇守江洲（今九江）。四世孙潘亢于北宋庆历年间（1041—1048）由九江溢浦迁入瑞昌县城荆林街。瑞昌是一个贫瘠的小县，地处丘陵地带，主要种植白薯和芋头。潘际銮的曾祖父在西正街南侧（今荆林街

潘家荆林街祖居

78号北）购置了宅第。祖父潘文傑，号秀川，生于1859年，是个贫寒的读书人，饱读诗书，因际遇不佳，一生中没有取得功名。为生计平日做些小生意，诗书传家的家风在熏陶教育儿孙方面起了很大作用。祖母潘王氏，瑞昌界首人，生于1861年。

潘际銮的父亲潘凤林，生于1889年10月14日。他年少时家贫，寄居瑞昌南山舅父家。舅父家也不宽裕，没有余钱供他上学。

而潘凤林痴爱读书，每次干活经过南山书馆旁，他都要作短暂停留，痴立窗旁聆听当地名师吴瑞臣授课；如逢雨雪天无活干时，他更是忘情"偷听"，久而久之，引起了吴先生的注意。吴先生在与他的交谈中发现他还真听进去了，很是感动，就与他舅父商量，免学费收他为弟子。下湾村的殷实之家陈伦苏先生看中了这个穷孩子，不仅解囊相助，还将长女翠珍许配给他。潘凤林勤勉好学，14岁时考中秀才。时值清朝末年，世纪之交，东西方文化猛烈碰撞，潘凤林不因循守旧，从秀才考入铁路学堂，毕业后就职于南浔铁路局，由于工作勤恳干练，廉洁自好，不久被任命为黄老门火车站站长，后又提升为九江站站长、九江段段长。在潘际銮出生前，秉性耿直、遇事不苟、不善逢迎

潘际銮的父亲潘凤林

潘际銮的母亲陈翠珍

官场的潘凤林已由九江段段长降为普通铁路职员。

潘际銮的母亲陈翠珍,生于1892年11月,是个勤劳善良、聪慧能干的家庭妇女。她虽然不识字,但具有勤劳、善良、诚实、坚韧的品格,这对潘家兄妹的性格的形成影响很深。潘家全靠潘凤林微薄的工资生活,陈翠珍精打细算、量入为出,才得以让一家人勉强度日。陈翠珍跟随潘凤林风风雨雨四十五年,相夫教子、敬老惜贫、任劳任怨。1944年1月,陈翠珍病逝于重庆,临终前握住丈夫的手,断断续续吐出:我,我想……死后葬回老家……

1940年10月,潘秀川老先生病逝于昆明齐家村。在弥留之际,他念念叨叨:故土难离……故土难离……潘凤林含泪应允。1971年,八十有二的潘凤林在

1942 年，潘家全家福

清华园去世，念念不忘的仍是根之所在！

20 世纪 30 年代初，潘际銮小妹出生、大哥结婚，潘家在铁路职工宿舍区已容纳不下这么多人，便借钱在九江城西三马路盖了一栋两层楼的砖瓦房。为了偿还债务，潘家的经济状况从此更加拮据。贫困导致的食物匮乏和债主们的鄙夷目光，从小烙进了潘际銮的心里。

潘际銮父亲为人正直，勤奋努力，廉洁奉公；母亲宽厚朴实，勤俭持家，任劳任怨。在父母人格性情的感召下，兄弟姐妹五人都自觉努力学习，勤奋向上，团结互助。其中三兄弟大学都是工科专业，这与父亲潘凤林的影响分不开。潘凤林长期在与工程技术密切相关的铁路部门工作，一直抱有工业救国的理想。在抗日战争困难的岁月中，三兄弟积极向上，学业优异，毕业后为国家发展做出了重要贡献。

大哥潘锡圭，1915 年生，浙江大学电机系毕业，无线通信专家，曾任南京邮电学院副院长，邮电系统资深权威教授。新中国成立前，他在云南电信局工作，建立了云南省无线通信系统。抗日战争时期，他指挥架设了昆明到缅甸的重要通信工程；日本投降后，他曾代表我国赴越南接受日本投降后交付的通信系统。

大姐潘际和，1920 年生，因家庭贫穷长期辍学，她为失学流过泪，可心甘情愿为这个家做奉献。1950 年，潘际和已 30 岁，尚未成家！她重新捡起书本温课，终于考上了天津大学。曾任湖南长沙黑色金属矿山设计院高级工程师。

二哥潘际炎，1924 年生，清华大学土木系毕业，铁道部铁路桥梁专家，铁路栓焊桥梁创始人，铁道科学研究院研究员和博士生导师。他曾在建设中国成昆铁路时参与建设了 44 座桥梁，获国家科技进步奖特等奖。随后，他协助建设了芜湖长江大桥和九江长江大桥。潘际銮曾说："咱们国家自己设计的第一座长江大桥就是焊接的，就是我哥哥做出来的。他也是一辈子在工地上，为国家做了很多事。"在抗美援越战争中，潘际炎作为我国派往越南的桥梁专家，负责建设与维护桥梁。他所设计建设的桥梁，在越南抗美战争中保持交通畅通，贡献突出。他因此获得越南最高奖励"胡志明勋章"。

潘际銮接受央视《朗读者》节目的采访

小妹潘际华，1932 年生，北京大学医学院毕业，长期在医院工作且工作业绩突出，曾任北京复兴医院主任大夫、口腔科主任。

大家族常有跌宕起伏、峰回路转的众多故事和盘根错节、钩心斗角的恩怨纠葛，潘氏家族却没有。对此，潘际銮认为：家族不和，作怪的是金钱名利。名誉、地位、金钱可能会是奋斗的结果，但绝不会是奋斗的目标。

2017 年 4 月，中央电视台《朗读者》节目专访潘际銮。这一期的主题是"家"，主持人介绍了潘际銮的两个哥哥、姐姐和妹妹，连他自己，一家五兄弟姊妹全都毕业于名牌大学，为新中国的建设做出了重要贡献。

伉俪情深

在中央电视台《朗读者》节目中，潘际銮既讲述了苦难的求学经历与难忘的大学生活，还深情地提到了与他恩爱 60 多年的夫人李世豫教授。潘际銮说自己对工作非常熟悉、充满热情，但对家务不通。20 世纪 50 年代中期到 70 年代，家里除了有三个孩子需要抚养，还有他的老父亲要照料，这些重担基本上都压在了李世豫的肩上。正是因为有一个好伴侣，他才得以全身心扑到为国家做贡献上。随后，主持人到观众席采访了李世豫。她向大家讲述了两人相识相爱的经过。

潘际銮夫妇年轻时合影

　　李世豫出生于 1931 年。她的曾祖父李朝斌是曾国藩的部下，任过两江提督。她的父亲是国民政府税务工作人员，曾任某地税务局长。抗日战争全面爆发后，李家由南京曾逃难到九江暂居。

　　在迎接全国解放的那段时光，娇小纤弱却活泼好动的李世豫是南下工作团里的文工团员。大军南下时，她从老家长沙风风火火跑出，追随南下工作团，在文工团里能唱能跳能演，还吃苦耐劳！大家都喜欢她，亲切地喊她"百灵鸟"。但日子一长，她觉得还是得学习，渴求升学深造。1950 年，李世豫风风火火北上，到北京报考大学，本没有地方住，恰好她的一个老乡和潘际銮同屋，老乡让她住了进来。潘际銮当时在清华大学读工科，班上都是男生，从没有机会谈

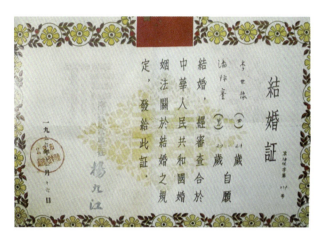

潘际銮与李世豫的结婚证

恋爱，见来自湖南长沙的李世豫温柔娇小，很快就喜欢上了她，于是主动帮她辅导功课。一来二去，两人便产生了情愫。两人相处了三个月后，潘际銮去哈尔滨工业大学进修，虽然没有订婚、没有山盟海誓，两个人却早已认定对方是自己的终生伴侣。1955年，潘际銮由哈尔滨工业大学回到清华大学。1956年，李世豫于北京大学毕业，并在北京大学化学系留任助教。1956年，在清华大学照澜院15号，他们在潘际銮父亲的主婚下举行了婚礼。

　　两人刚刚认识时，潘际銮还只是一个助教，学习和工作都是为了国家。潘际銮曾回忆：当时中国工业落后，焊接没有应用的地方，很多人认为焊接是一个很低级的专业。潘际銮不这样看，他确立的

潘际銮夫妇家中合照

从事焊接事业的人生志向，不可能因为世人的偏见而半途而废。

潘际銮与李世豫相互爱慕、鸿雁传书时，一个从事的是当时无人问津的焊接专业，另一个是北大有名的才女。有人笑话李世豫："你男朋友是焊洋铁壶的，还是修自行车的？"但她还是义无反顾地追随潘际銮。

结婚后，潘际銮带着学术团队没日没夜地搞科研，经常几个月不回家，家里没了顶梁柱，李世豫就努力撑起一个家，她一边在北大教书，一边照顾潘际銮年老的父亲，还要含辛茹苦地抚养三个孩子长大。当问到李世豫："潘院士硕果累累，声名显赫，您却一直默默坚守北大教学，在家奉献多，感觉到委屈吗？"她说："不委屈呀，他忙他的事，我忙我的教学，带好我的孩子，很好的。""他们既然是一个红旗单位，我就不能拖他后腿，他只能往前走，不能后退。"提起潘际銮的成就，李世豫的语气里满满都是自豪。

60 多年来，潘际銮的每个决定，李世豫都支持，两人从没拌过嘴。正是有了老伴的全力支持，潘际銮在事业上心无旁骛，专注于研究的世界里。他是我国第一条高铁的铁轨焊接顾问、第一座自行设计的核电站的焊接顾问。如今高铁钢轨的焊接技术，也是由他开创并推广到全国的。高铁验收时，李世豫受邀体验。她后来回忆："我心里很高兴，又有些害怕，那真快，我们从来没坐过这么快的火车。当时我想，这里面有我老伴的功劳，太好了！"

从南昌大学回到清华园的十多年，两人的生活简单而有规律。

潘际銮夫妇骑车照

每天上午 8 时 30 分，潘际銮在家吃完李世豫准备的早餐，蹬着电动自行车，一阵风般飞驰十多分钟，到办公室上班，带着 20 多人的团队干活；傍晚 6 时，他又蹬着自行车回家，李世豫已经准备好了晚饭。没有山珍海味，简朴的生活却最清欢！潘际銮常骑电动车载着李世豫在校园中穿梭，而李世豫则坐在车后座上紧紧依偎着潘际銮，这已成为校园的一道亮丽的风景。后来，考虑到安全问题，他们不再骑车出门，而是经常手拉手在清华园散步，引来路人羡慕景仰的眼光。

潘际銮说，他这么大岁数，还想"干活"，单纯是因为自己"终生陷在这个事业里了",想要"为国家做贡献",而不是为赚钱牟利。在清华大学的荷清苑社区,老两口住的还是老房子。老旧的家具把本来就不大的一间屋子挤得满满当当,沙发罩也随意地用两只别针简单固定在沙发背上。他喝水的杯子,是一只原本装速溶咖啡的玻璃杯。家里的书房是由阳台改造的,堆不下的资料就放在房间四处。但是,李世豫从来没有一句怨言。两位老人在中央电视台《朗读者》栏目,童真般自然地秀着恩爱,深深打动了全国观众。潘际銮说:"但愿她长久,她活着,我就有支持。"一句平平淡淡的话,包含的却是一起走过的60年中,相扶相守的默契和深情。

1969 年,潘际銮夫妇和子女的合照

2000 年，二女儿潘焱一家回国探亲

　　历史往往呈现出惊奇的联系。潘际銮小时候就读的九江市滨兴洲小学，在九江市三马路的南头。潘家对面是二马路，在那里有一所教会办的翘秀小学，设施比较讲究，学费也比较贵。潘际銮清楚地记得，那时，他可以从住家的二楼看到对面的翘秀小学，还能远远看见一些小女孩穿着漂亮的校服在操场玩滑梯。半个多世纪后的1991 年，潘际銮和李世豫回家乡访旧，夫人告诉他说，当年她随父母从南京逃难到九江，上的就是翘秀小学。当李世豫指着二马路康济里一栋她们家当时住过的房子旧址时，潘际銮发现这房子还是他父亲受朋友委托出租给李世豫家的。更巧的是，这所翘秀小学在新中国成立以后又和潘际銮就读的滨兴洲小学合并为滨兴小学。滨兴小学在 2008 年 11 月举行 100 周年校庆时，他们两人都作为校友被邀请回母校参加庆典。潘际銮和李世豫虽说初次相识是 1950 年在北京，但他们的少儿经历却有着巧遇奇缘。缘分不仅让他们走到了一起，还一走就是 60 多年。

到了 90 年代，潘氏家族事业兴旺如日中天，新的一代也在科技项目领域崭露头角。潘际銮的大女儿潘晶一家在德国居住，二女儿潘燚一家在美国居住，二女婿冯智力毕业于清华大学，后在美国田纳西国家橡树林研究院工作。目前儿子潘磊一家在京工作与生活。孙子潘晨炜从美国留学回国后，在北京博清科技公司工作。

心系瑞昌

潘际銮的祖父及父母均因抗日战争离开家乡，殁于外地，潘际銮一直将他们的骨灰随身保留在家，但是瑞昌的山山水水，时时萦绕在他的脑海。1992 年，已近 65 岁的潘际銮决定将祖父及父母的骨灰送回家乡安葬。这年秋季，潘际銮、李世豫和儿子潘磊，以及二哥潘际炎、妹妹潘际华等人回到瑞昌，把先人骨灰安葬在环境清幽的祖坟之山，魂归故里，后人终于实现了先人的夙愿。

潘际銮曾回忆："瑞昌当时是个很贫困的县，不要说麦子了，米都没有。山上只长红薯、玉米、芋头，当时我们都拿来当主食。

1992 年，潘际銮兄妹恭修先人之墓的墓志

早上红薯，中午红薯煮玉米，但我到现在还喜欢吃。"潘际銮说："高贵的菜"自己反而不爱吃，"肉吃多了肠胃不舒服，现在我算是个素食工作者"。他还说："如果回江西，就会去扫墓。我祖籍是在九江瑞昌县，那儿是我出生的地方，父母和祖父母的坟都在那个地方。"尽管没有办法固定在清明节回家乡扫墓，但每当有机会回到故乡，潘际銮一定尽量挤出时间去祭奠先人。虽然潘家兄妹都早已在北京工作安家，但瑞昌当地还有不少潘氏远亲，潘际銮回家乡时也会抽时间去拜访。赤子之心令人动容。①

① 张晶晶：《潘际銮的简约生活》，《中国科学报》，2014 年 5 月 13 日。

1995 年，潘际銮与家人回瑞昌扫墓

第二章

少年励志艰难求学路

潘际銮生于忧患年代，由于日本帝国主义的侵华战争，他从小学到中学都处在颠沛流离之中，历经苦难。但是他励志前行，不畏艰难，勤奋读书，考入西南联合大学，肩负起国家兴亡的责任，走上了工业救国之路。

小学苦难与抗战流亡之路

潘际銮幼年时常常和祖父在一起，在祖父的教导下，他 3 岁时就能背诵《三字经》，还开始学习算术，背诵唐诗。6 岁入私塾，7 岁进入九江南浔铁路小学读书。他对学习入迷，像海绵吸水一样贪婪地接受新

潘际銮小学毕业照

思维、新知识。潘际銮学习自觉，从未让父母操过心，而且养成了自己的学习兴趣。1930年，为缓解住房困难，潘凤林向朋友借钱在九江城西三马路盖了一栋两层楼的砖瓦房。从此家庭生活更加困难。

1935年夏天，一年级学习结束，潘际銮以年级第一名的成绩进入了学校优秀学生表彰名单。这年暑假，潘际銮在母亲的建议下自学二年级课程，开学时他通过学校考试，跳级到了三年级学习，然后又从三年级跳到五年级。潘际銮回忆在念私塾时，"要学《论语》等传统经典，上午背书、下午练毛笔字。当时自己六七岁，虽然能成篇背诵但自己也不懂，长大了之后反而懂了，那些代表着传统文化的句子深深地印在了我的脑海里，变成了我一生的行为准则"。

1937年，日军为了夺取九江，经常对九江进行轰炸，主要目标是离潘凤林一家不远的纱厂和电厂。日军的轰炸不分昼夜，飞机有时来得多、有时来得少，且飞得很低，白天还有机枪向人群扫射。潘家因此常常要躲避空袭，他们在后院挖了一个洞，只要听到警报声，就都躲进洞里。潘凤林见局势日益紧张，便决定迁到瑞昌老家。在老家居住期间，潘际銮时刻不忘读书学习，有时也与邻居的孩子一起玩耍，有时还学做鞭炮。故乡人，故乡情，深深地刻在潘际銮的记忆中。后来日军轰炸少了一些，潘际銮的爷爷将他们几个孙子孙女接回九江。潘际銮进了滨兴洲小学读五年级，然后从这所小学毕业。

1937年12月，南京沦陷，日本大屠杀30万同胞，伤兵和难民溃退九江，日本飞机天天轰炸九江，政府征用全部船只，搬运石头到马当沉入长江阻止日军西进，并决定采用焦土政策，炸毁南浔铁路阻止日军自江西南下。在此危急时刻，潘凤林决定逃离九江，潘家不得不再次踏上举家逃难的路途。几十年后，潘际銮都清晰地记得，离开九江那栋倾注了父亲半辈子心血、还没住上10年的房子时，一家人依依不舍的神情。大家收拾好东西，他的母亲将家里搬不走的物品摆得整整齐齐，用砖头从里面把大门堵上以防风雨侵蚀，也防坏人擅入。这个情形就像出一趟远门，随时都会回来。但实际上，他们再也未能回到这个家。

潘凤林扶老携幼，搭火车从九江火车站到了南昌，又租船走水路往泰和县，与在浙江大学电机系学习的大儿子潘锡圭相聚（当时浙江大学为避战乱迁到了泰和）。逃至泰和后，潘凤林开始在泰和临县遂川南浔铁路留守处工作，一家人总算有了生活下去的收入。但是好景不长，1938 年 7—8 月，九江沦陷，泰和也不安全了，浙江大学近千名师生奔赴广西宜山。在惴惴不安中，无力再逃的潘家继续留在泰和。秋季，潘际銮和二哥潘际炎考入了泰和县立中学，潘际銮读初一，潘际炎读初二。1939 年春，南昌战事吃紧，南浔铁路解散，潘凤林获叙昆铁路局的工作通知书，于是决定全家逃难去昆明。

潘际銮为了躲避战火，跟随家人辗转数千里去昆明，饱尝了贫困的滋味，看到了日军的残暴，受尽了生活的苦难，幸好他有一个坚忍达观的父亲，用自己羸弱的肩膀扛起了一切。潘家先乘船到了南昌，再从南昌坐火车到湖南株洲。潘际銮回忆："我们逃到湖南株洲的时候，全家人爬上了一列露天的运煤车上，当时下着大雨，我们打着雨伞，日本人的飞机就来了，他们用机枪对着我们扫射。火车随即停了，我们爬下火车，分散到路边的田野中趴下，等飞机走了之后才又爬上火车。"然后全家逃到衡阳，一路上不知躲过多少次日军空袭、饿过多少回肚子。在去桂林的路上，潘际銮得了伤寒症，当时没有医院没有药，父亲背着他走，每天只喝一些水和米汤，一路昏昏沉沉，差点命丧途中。路过柳州时，潘际銮的病好了很多，但饥饿感却强烈了起来，然而他们的钱早就用完了。在一个亲戚的帮助下，潘家继续搭乘卡车，经过都匀、贵阳、黄果树、安顺、曲靖等地，最终到达昆明。三个多月的逃难生活，让一家人都变得疲惫不堪、面黄肌瘦。这些经历让潘际銮深受触动，也更加激发了他求知的欲望，渴求用知识改变命运。潘际銮从父亲的身上深深地理解到什么是毅力，什么是顽强，什么是乐观。生活的磨难，给了他一种无形的教育，培养了他承受困难与挫折的坚韧性格。

半个多世纪后，当潘际銮听美籍华人陈香梅女士追忆抗战年代陈氏六姊妹从香港到昆明的千里流亡时，他的眼睛濡湿了。那年月，有多少家族、多少同胞从北到南、从东到西流浪！老年时的潘际銮在想起不堪回首的岁月时，仍动情地说："在烽火连天和饥寒交迫中，我的童年仍感到幸福，因为好的家让人倍感温暖，让人力争向上！"

中学磨炼与考入西南联大

潘凤林被分配至叙昆铁路局地亩股工作，因为没有办公场所，地亩股在一所破庙安身，单位便将破庙后面的两间房子分给潘凤林安家。为了填饱肚子，潘际銮母亲想尽了一切办法精打细算，但只能让大家吃上粗茶淡饭。潘际銮和潘际炎总是偷偷跑到山上的果园或竹林里，摘点果子，挖点竹笋来充饥。宽厚的摆夷族老乡们体谅他们家的困难，从来没有责怪过他们。为了帮母亲烧饭，潘际銮每天上山砍柴背回家。

潘凤林很重视孩子的教育，每逃难到一个地方，都不忘记去找学校。1939 年秋，在父亲的奔波下，潘际銮和潘际炎考进了云瑞中学。学校离家里 20 多公里，他们两人每周末回来一次，每次要爬三座山，走两三个小时才能回家。有一次从家准备返校时，下起了大雨，父亲坚持让兄弟俩返校，在山路上，洪水把两兄弟冲进了河里，冲了几里地。幸运的是，当地的老乡及时发现并用竹竿把他们救了起来，还把他们送到了学校宿舍。潘际銮全家都一直非常感激忠厚善良的云南乡亲。

潘际銮在昆明读中学时的照片

几个月后，因为家里实在太过困难,潘际銮和潘际炎到禄丰县（今禄丰市）投奔在那里工作的大姐潘际和，进入禄丰中学读书。姐姐也是经熟人介绍打一份工而已，报酬不高。两兄弟靠姐姐省吃俭用供养，在学业上很争气，也很受校方和同学的欢迎。1940 年秋，兄弟两人转学进入昆明天南中学读书。这是一所教会学校，教学质量较高，学费也贵。兄弟俩借住在一个同学家里，在外面包饭吃。没几个月，因为开支太大，家里拿不出钱供他们读书，二人不得不辍学离开了这所学校。

1941年春，叙昆铁路停办，潘凤林被调往滇缅铁路工作，一家人随迁到滇西。潘际銮考入镇南联合中学，开始高中阶段的学习，潘际炎也在这所学校读高二。这所中学是教会学校，师资力量强，教学质量高。潘际銮的物理和英语两门功课在这里打下了良好的基础。

潘际銮高中毕业照

1942年3月，日军进攻缅甸，滇缅铁路工程中断，潘凤林和潘际和失去了工作。为了躲避战乱，潘家又迁回昆明。然而昆明的局势同样在恶化，一家人朝不保夕，只能靠潘凤林和潘际和四处做临时工度日，潘际銮和潘际炎的学业也完全中断。这一段时间，他们也经常外出打工以补贴家用。窘迫的生活并没有阻止潘际銮学习的脚步，他不仅自学完了高一、高二的全部课程，还做了大量数学、物理公式定律的推导及习题。

1943 年春，潘凤林又有了相对稳定的工作和收入，勉强可供潘际銮上学，他以优异成绩考入了昆明中山中学。潘际炎则继续辍学打工，这正是他大学比潘际銮晚两年毕业的原因。潘际銮对哥哥一直感激在心，并在行动上努力回报家人。

1944 年夏，云南省举行了全省高中毕业生会考，17 岁的江西少年潘际銮，以云南省第一名的成绩，被保送进入西南联合大学读书，学号是 33687。潘凤林希望培养自己的孩子当工程师。潘际銮

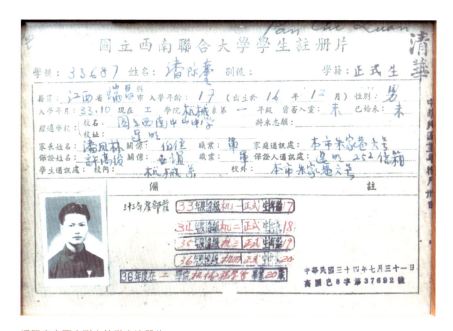

潘际銮在西南联大的学生注册片

大哥选择了电机系,二哥要选土木系,所以他选择了机械系。在这里,潘际銮学习到了现代的理论和科学知识,更重要的是养成了严谨的学风和治学精神,树立了一生为国家做贡献的人生观。

数十年后,有人问潘际銮:年轻时何以那么用功学习?潘际銮说,那时读书的信念已经不是为了个人、为了家庭,而是为了祖国。一个年轻人,历经了种种磨难、体验了战争创伤,为了国家和民族奋发图强、忘我投入,还有什么高峰不能攀登?

第三章

在西南联大磨炼成长

　　1944 年夏天，潘际銮收到国立西南联合大学的录取通知书，他选择了心仪已久的机械工程系。17 岁不到的潘际銮期待工业救国，"当时想的是，等仗打完之后，就能去建设国家了"。国立西南联合大学的办学理念与文化精神，深深地影响了潘际銮，并且在他那里发扬光大。

国立西南联合大学概况

　　国立西南联合大学是中国抗日战争开始后高校内迁设于昆明的一所综合性大学。1937 年 11 月 1 日，北京大学、清华大学、南开大学在长沙组建成国立长

国立西南联合大学老校门

沙临时大学。由于长沙连遭日机轰炸，1938 年 2 月中旬，国立长沙临时大学分三路西迁昆明。1938 年 4 月，改称国立西南联合大学，简称西南联大。它"内树学术自由之规模，外来民主堡垒之称号"，保存了抗战时期的重要科研力量，培养了一大批卓有成就的优秀人才，为中国和世界的发展进步做出了杰出贡献。

从 1937 年到 1946 年办学八年，西南联大共招收学生 8000 余名，本科生及研究生毕业 5000 余人；培养了一大批蜚声国内外的杰出的科学家、教育家、哲学家、史学家、文学家以及许多党政领导干部；造就了 100 多位中外科学院院士，他们中的许多人成为新中国各门科学的开拓者和奠基人，是我国科技、文化、教育领域的中坚力量。

西南联大这所抗日战争时期的流亡大学，在民族存亡的紧要关头，使联大师生在被日军摧毁的残垣断壁前仍然精神不倒，保有振兴国家的强烈历史责任感和使命感。当年，三校师生从长沙分三路西迁昆明，联大师生置任何艰难困苦于不顾，教师为国之振兴而教，学生为抗战建国而学，体现了"贫贱不能移"、"威武不能屈"、誓死不当亡国奴的崇高民族气节。在水深火热、家国剧变的 20 世纪 30 年代，一代出类拔萃的年轻人，在边城昆明上下求索，无问西东，师从 20 世纪中国自然科学和人文科学的一流学者，身心皆经历动心忍性的锻造，因此淬火而升华，那种人类精神的结晶，最终化为一种纯粹的人格，才有了穿透时光、动人心魄的美。[1]

---

[1]　李晓明：《寻找西南联大的年轻人》，《知识分子》，2022 年 8 月 13 日。

办学理念与文化精神

潘际銮曾多次在不同场合论述西南联大办学理念与文化精神，他归纳为：办学理念——杰出的师资队伍，严格的教学要求；文化精神——高度的民主气氛，强烈的爱国情操。[①]

潘际銮总结了《西南联大办学理念与文化精神》的要点：

战乱中的奇迹——没有大楼，但有大师

西南联大的办学条件异常艰苦，校舍极其简陋。联大初建时上无片瓦，下无寸土，只能借用昆明一些学校的校舍。1939 年，联大在昆明西北郊区买了 120 亩荒坟地建校区，校舍全是泥地土坯墙、木格窗的平房。教室是土墙，屋顶仅盖一层铁皮，夏天像蒸笼，冬天寒风穿堂入室。下雨的时候，雨点打在铁皮顶上叮叮当当地响，老师上课得提高嗓音喊叫才能压过雨声和风声。学生宿舍是土坯墙、茅草顶，四面透风。学生睡的是上下层双人床，在宿舍里面挤得满满当当，仅用挂个布帘隔开。尤其是茅草棚，冬天很冷、夏天很热。

实验室很简陋，航空系空洞实验室是老师带着学生建的，而生

---

①　潘际銮：《西南联大办学理念与文化精神》，《九江学院学报》（社会科学版），2017 年第 3 期。

潘际銮在西南联大建校 75 周年纪念大会上作报告

物学老师常带着学生露天做实验。教授宿舍是茅草屋，几家住在一起，用布帘子隔开，根本谈不上隔音，里面讲话外面听得清楚。联大最好的房子是图书馆，这是唯一的一幢瓦顶房子，只有一层。联大的桌椅设备也不齐全，上课去晚了就没地方坐。所以，每次上课钟声响后，就会看到男男女女满院奔跑去抢座位，一旦抢不到座位就只能站着听课、记笔记。遇到名教授上课，教室里会有很多学生站着听课。

西南联大虽然办学条件艰苦，却拥有先进的教育理念，虽没有大楼，但聚集了一批大师。梅贻琦先生认为办大学师资最为重要，并反复强调："师资为大学第一要素"，"吾人应努力奔赴之第一事，盖为师资之充实。大学之良窳，几乎全系于师资与设备之充实与否，而师资为尤要"。西南联大在人才培养和学术研究上取得了巨大的成功，主要得益于其拥有雄厚的师资力量。

抗战前，三校的一大批专家学者汇聚在西南联大，组成了30年代至40年代中国高等学府中最为庞大和令人仰慕的教授阵营。在人文社会科学方面，有朱自清、闻一多、刘文典、王力、吴宓、钱钟书、卞之琳、汤用彤、陈寅恪、冯友兰、金岳霖、雷海宗、向达、钱穆、张奚若、钱端升、陈岱孙、潘光旦、陶云逵、陈序经等；在自然科学方面，有杨武之、华罗庚、陈省身、饶毓泰、吴有训、周培源、赵忠尧、吴大猷、王竹溪、曾昭抡、苏国桢、冯景兰、赵九章等。西南联大在延聘三校教授的基础上，不断吸引海内外优秀人才，不少教师是从美国哈佛大学、耶鲁大学、麻省理工学院等学府留学归来的。西南联大正是依靠这支阵容强大的学术研究队伍，培养了一大批杰出人才，包括2位诺贝尔物理学奖获得者（杨振宁、李政道）、5位国家最高科学技术奖获得者（刘东生、叶笃正、吴征镒、郑哲敏、黄昆）、8位"两弹一星"元勋（赵九章、郭永怀、陈芳允、王希季、杨嘉墀、邓稼先、朱光亚、屠守锷）、100多位人文科学领域的大师和近200位国家"两院"院士；取得了一大批在国内外产生重大影响的高水平研究成果，如吴大猷的《多原子分子的结构及其振动光谱》、华罗庚的《堆垒素数论》、赵九章的《大气之涡旋运动》、冯友兰的《新理学》、陈寅恪的《唐代政治史述论稿》等。

西南联大实行教授治校。按照当时的《大学组织法》规定，西南联大设有校务会议和教授会。校务会议的成员由常务委员、常委会秘书主任、教务长、总务长、训导长、各学院院长及教授、副教授选举代表11人组成。其主要职权是学校的预算和决算的审议、学系的成立和废止、学校各项规章制度的颁行、建筑及重要设备的添置等。教授会由全体教授、副教授组成，常务委员会委员和常委会秘书是当然成员，其主要职责是听取常委会主席报告工作、讨论学校的重大问题、选举参加校务会议的代表等。"教授治校"体制的核心是校务会议，其决策内容大多是学校的行政和教学。1940年，教育部给西南联大下发了课程设置诸问题的训令，对大学应设课程与学生成绩考核办法都有详细规定，并要求各科课程必须呈给教育部请示核准。针对此事，西南联大经研究写了回呈，对教育部的做法提出以下观点："教育部重视高等教育，指示不厌其详，但准此以往，则大学将直等于教育部高等教育司中的一个科，同仁不敏，窃有未喻。"可以说，教授治校体制的确立，使教授们在教学、科研以及行政管理等多方面的才能得到了充分发挥。同时，为西南联大知识分子争取学术自由、思想自由，坚持文化创造与学术传播，创造了有效的形式和途径。

宽松的学习环境，严格的教学要求

西南联大既有宽松的学习环境，又有非常严格的考核制度。西南联大在学生中实行学分制、弹性学制、淘汰制。

学分制，是指学生可以自由选学分。如学生一学期可以选16学分。学有余力者也可选32学分，但底线是16学分。学生听课自由，学校没有班级制度，有的是数学课在一起上，有的是文学课在一起上，选什么课就上什么班。还可以选老师，据潘际銮回忆：物理课有4个老师上，课本是同一本书——《达夫物理学》，但4位老师都是按自己的治学风格来讲授，学生们学到的知识远远超出课本。

弹性学制，就是学生可以四年毕业，可以五年毕业，甚至可以八年毕业，只要修完学分就可毕业。转系比较方便，有些人兴趣改变，或者物理总是不及格，没法修下去，就可以转系，系主任就可以批准。文科不行，可以学理科，理科不行，可以转文科。中途遇到学习困难或者生活困难的，还可以选择休学，出去赚钱打零工。人的智商不一样、兴趣不一样、身体状况不一样，给他一个宽松的学习环境，可让他自由成长。

淘汰制，是指如果一门课学不好总是不及格，学生可自动离开学校。西南联大有严格的考试制度和管理制度，没有哪一个学生能在西南联大混到毕业文凭，所以有些学生学不下去就只能自动离开学校。西南联大虽然学习环境宽松，但考试严格，学校规定考试不及格的课程不能补考，必须重修。学校管理也很严格，如高等数学上两个学期，如果在一年级上学期高等数学（一）不及格，就不能学高等数学（二）以及有关的后续课程，物理亦如此。联大老师对学生要求很严，越严格的老师越受尊敬。学生认为有水平的老师才会要求严格。有些教师的课相当多的学生考不及格，越是这样，选他课的人越多。

潘际銮以云南省会考第一的成绩考进西南联大工学院机械系，可是刚入学，西南联大就给了他两次"下马威"。一次是"普通物理"课，由霍秉权教授讲授，他是我国首批研究宇宙射线和核物理的著名学者之一。霍教授风度儒雅，讲课深入浅出，一边和学生探讨着自然现象，一边讲解它背后蕴含的科学、哲学原理。潘际銮非常认真，把教授课堂上讲的问题都弄明白了，但第一次期中考试，居然考了个不及格！第二次栽在物理实验上。按照学校要求，潘际銮先用英文写了实验的预备报告，通过之后就进实验室操作。但反反复复几次下来，实验结果仍与标准相差甚远，匆忙之下就抄了一套数据，递交了正式报告。但这没有瞒过老师的眼睛，他受到了严厉的批评，被要求重新实验。这两件事带给他很大的触动。从此潘际銮更加用心学习，寻找到失败的根源，增加课堂外的知识，做到举一反三、融会贯通，成绩很快就追了上来。他还加强了理论和实践的协调推进，学校给的实验时间不够，就到附近的兵工厂去练习。潘际銮发现中学学习方式与大学学习方式的不同，教师不仅考讲过的内容，没有讲的也要考，这样就培养了学生很好的独立钻研能力。

西南联大教学要求很严格，学生必须有很强的自学能力。以潘际銮所在的学科为例，当时除了需要弄懂物理课上所学的内容之外，还得自学中国、美国的十几本物理教材，归纳总结、分析研究各种教材中不同的观点和内容。考试题目也很灵活，考查学生掌握知识的能力和水平。在他的印象中，当时每年有三分之一的学生数学、物理不及格。

西南联大注重循序渐进的教学方式。潘际銮所学的是工科，如果数学、物理不及格，就不能学电工、力学等课程。电工、力学课程没学，就不能学后面的机械设计课。由于图书馆最多只能容纳 200 人，课余时间学生到处找地方学习，逐渐营造了一种"茶馆文化"。因为云南老百姓根据市场需求，在学校附近的铺子开茶馆，摆上四方桌子。大的房间可以摆 4—5 张桌子，小的房间可以摆 2 张桌子，一杯茶也就几分钱。学生上完课后，就跑到茶馆去看书。几条街上的茶棚里，坐满了自习的学生。久而久之，茶馆成了西南联大的"图书馆"。学生进去后，安静地学习，互不干扰。到了晚上，茶馆老板会点着很亮的汽油灯供学生读书，学生基本会学到晚上十一二点。

民主气氛与爱国情操

浓厚的民主气氛、强烈的爱国情操是西南联大的两大特色。当时西南联大的民主气氛是"教授治校纲、思想倡自由、师生言路宽、兼容加并包"。学生忧国忧民、心系国家存亡的思想，为争取国内的和平、民主做出了贡献。冯友兰在著名的《国立西南联合大学简史》中说："联合大学以其兼容并包之精神，转移社会一时之风气，内树学术自由之规模，外来民主堡垒之称号，违千夫之诺诺，作一士之谔谔。"梅贻琦先生对育才有更为清晰的陈述："吾们在今日讲学问，如果完全离开人民社会的问题，实在太空泛了。在中国今日状况之下，除安心读书外，还要时时注意到国家的危难。""教授责任不尽在指导学生如何读书，如何研究学问。凡能领学生做学问的教授，必能指导学生如何做人。"

潘际銮还记得母校的样子：泥土版筑成的围墙里，是120亩的校园，由梁思成、林徽因夫妇设计。校门并不大，黑底白字的匾额悬在大门上方。战争年代，一间宿舍里，挤挤挨挨地摆着20张双层床，住满40个学生，没有多余的地方摆书桌。宿舍里没有灯，天一擦黑，就看不见书了。那时候，这些学生总爱唱三首歌。第一首是《松花江上》，因为每个人都在想，总有一天要打回去。第二首是《毕业歌》，歌词的第一句就是，"同学们，大家起来，担负起天下的兴亡"。第三首，就是西南联大的校歌《国立西南联合大学进行曲》。

潘际銮回忆西南联合大学初定校歌，其辞始叹南迁流难之苦辛，中颂师生不屈之壮志，终寄最后胜利之期望。爰就歌辞，勒为碑铭。铭曰：痛南渡，辞宫阙。驻衡湘，又离别。更长征，经峣嵲。望中原，遍洒血。抵绝徼，继讲说。诗书器，犹有舌。尽笳吹，情弥切。千秋耻，终已雪。见倭寇，如烟灭。起朔北，迄南越。视金瓯，已无缺。大一统，无倾折。中兴业，继往烈。维三校，兄弟列。为一体，如胶结。同艰难，共欢悦，联合竟，使命彻。神京复，还燕碣，以此石，象坚节，纪嘉庆，告来哲。

西南联大的学生们出生于忧患年代，他们追随学校从北京、天津逃亡到云南，不光读书，还非常关心国家的前途与命运，抗日救亡是他们共同的目标。当时可分为三部分学生：第一部分学生奔赴解放区，第二部分学生（800多名）参加远征军，第三部分学生留校，为争取和平民主、反对内战而斗争。

1941—1942年，日本军队占领中国大片领土，攻陷缅甸北部和云南西部向昆明进攻。在国家危急存亡之际，为了扭转危局，当时实施中美联合作战方案。为了克服联合作战中出现的语言障碍，在梅贻琦先生等爱国教师的号召下，很多学生投笔从戎，充当英语翻译人员。但更多的学生参加了远征军，在缅北和滇西参加战斗，击溃日军主力，扭转了抗日战局。八年间，同学们三次兴起参军高潮，1100余人走上抗日战场，有不少学生为国捐躯。抗战胜利后，大部分学生回校复学。

西南联大是民主堡垒，例如"一二·一"运动。这是一场学生要求和平民主、反对蒋介石国民党企图发动内战的爱国民主运动。中国人民经过十四年艰苦卓绝的抗战，好不容易战胜了日本侵略者，不愿国家又陷入国共内战的悲惨境地。在全国人民反内战、要和平民主的强烈要求下，国民党不得不同意在重庆与中共代表举行谈判。1945年10月10日两党达成了《双十协定》。可是，《双十协定》墨迹未干，蒋介石国民党就背信弃义，向共产党领导下的解放区进攻。出于爱国热忱和要求和平民主的强烈愿望，西南联大师生不顾蒋介石国民党的禁令，于11月25日晚在联大图书馆前的草坪上举行演讲会，刚进行不久，国民党军队包围联大校园，用机枪对空扫射，企图威胁师生、扰乱会场。为抗议军警暴行，西南联大等18所大中学校学生于26日相继宣布罢课，要求当局追究对演讲会开枪的责任并公开道歉。随后，全市30多所大中学校一齐罢课。云南警备总司令关麟徵、代理云南省政府主席李宗黄命令各校28日复课，声称如不遵令，即"采用武力压制，不惜流血"。12月1日，一大批佩戴"军官总队"符号的军人，分批闯入云南大学、中法大学、联大工学院、联大师范学院、联大附中等学校破坏校舍，捣毁教具，劫掠财物，殴打师生，甚至向人们开枪投弹。当天有4人被杀害，20多人受伤。4位烈士的鲜血震怒了全国人民。国民党当局为了缓和局面，不得不解除了关麟徵、李宗黄的职务。"一二·一"运动对中国革命的进程起到了不可磨灭的作用。

西南联大精神的发扬光大

1945 年 8 月 15 日，日本宣布投降。1946 年 5 月 4 日，西南联大举行结业典礼，结束了 8 年艰难的办学历程。1946 年 7 月，西南联大被撤销，潘际銮转入清华大学机械系学习。这年 8 月中旬，潘际銮和潘际炎一起，带着母亲用旧衣服改做的棉被，靠学校发的一点路费，搭乘货运飞机离开昆明，前往上海。到上海后，他们找到了西南联大联络处。在联络处教师的帮助下，潘际銮和潘际炎联系上上海至唐山的运煤轮船，先乘轮船到秦皇岛，再由秦皇岛乘车到北京。尽管旅途辛苦，但当潘际銮来到清华园时，仍然抑制不住内心的兴奋和激动。潘际銮在 1948 年于清华大学毕业，被学校留任机械系助教。

潘际銮大学毕业照

　　70多年过去了，潘际銮还能唱出西南联大的校歌，仍然记得母校的样子：泥筑的围墙，铁皮的屋顶，还有校门上黑底白字的招牌——国立西南联合大学。毕业70多年，潘际銮可以在西南联大的学生名册中翻找到自己的名字，也可以飞快地背出自己当初的学号——33687。当初在西南联大，许多学生都对潘际銮的学号有印象。那时学校张贴的成绩单上，并不印着姓名，只印着学号和分数，"33687"这个学号总是在前几名里。

　　潘际銮铭记西南联大校歌中的勉词：西山沧沧，滇水茫茫，这

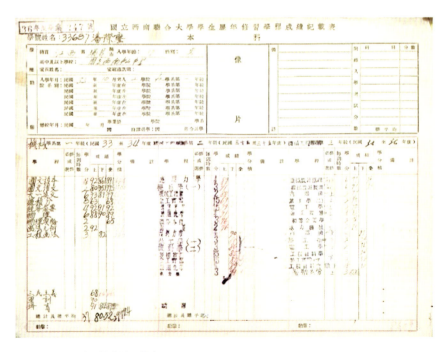

潘际銮在西南联大的成绩记载表

已不是渤海太行，这已不是衡岳潇湘。同学们，莫忘记失掉的家乡，莫辜负伟大的时代，莫耽误宝贵的辰光。赶紧学习，赶紧准备，抗战、建国，都要我们担当！同学们，要利用宝贵的时光，要创造伟大的时代，要恢复失掉的家乡。

2011年，85岁高龄的潘际銮当选为西南联大北京校友会会长。他对西南联大有着深厚的感情，常以自己是联大人而自豪和骄傲。只要是可以传承西南联大精神的活动，他都积极参与支持，大力推进。他长期关心校友会工作，关心老校友们，为了校友会的发展，还亲自为校友会筹划经费。每年在校友返校日上作报告，他都要做PPT，就是考虑到老校友们在会场既能看文字，又能听声音。遇到校友会的重大纪念日，他都亲自协调，落实会议日程，不顾高龄，不摆架子，事必躬亲，细致到会场所经通道是否安全、厕所是否为高龄校友准备了扶手。

潘际銮先生身为会长，对校友会各项工作，无论是财务工作还是简讯的刊登都严格把关，对老校友们也是有问必答，深得老校友们敬重。

2011年，在潘际銮的倡议下，北大、清华、南开、云南师大四校领导协商，提高西南联大奖学金的发放额度，等同于国家奖学金。这就是为了弘扬西南联大精神，用于奖励思想上进、学习刻苦、专业成绩优异、有创新能力及较强社会实践能力的优秀学生，让西南联大精神代代相传。

西南联大召开建校 80 周年纪念大会

　　2017 年 11 月 1 日，西南联合大学建校 80 周年纪念大会在北京大学举行。此次纪念大会是近五年来西南联大校友参与人数最多的一次聚会，杨振宁、彭珮云、郑哲敏等西南联大校友都参与了活动。会上，潘际銮发表致辞，他赞扬了西南联大的兼容并包精神、学术自由和爱国民主精神，肯定了在艰苦条件下西南联大在人才培养方面做出的巨大贡献，并向西南联大献上了生日祝福。

　　潘际銮一直关注大学的办学理念，传承天下己任、清廉公正、明德求是的优秀传统文化，坚守一个科学家与教育家的良心，出于强烈的社会责任感和历史使命感，对一些不良倾向时有坦诚的批评与呼吁。

他认为，每所大学都要成为一流大学，这是不现实的，大家都争一流，最后都是不入流。不少高校片面追求综合化，有了理工科，就想着要办文科；有了文理工科，就想着要办医科、艺术类、体育类等。这样做不仅会因重复建设而造成国家大量资金浪费，而且使许多学校丧失特色和优势。本科教育才是办好一所大学的根本任务和基础。办大学追求的目标应该是特色、大师和质量。办学特色很重要，没有特色就没有竞争力。

他还指出：学术界存在急功近利、浮躁情绪等不良倾向。很多高校过分强调论文数量而不抓真正的研究成果；人的兴趣、能力不一样，教育的责任是创造有个性的好环境，让不同的人都能够自由成长。

潘际銮倡导宽严并济、自由创新的精神，按照教育规律办学。他曾多次批评在许多高校和学术机构中盛行的唯 SCI 论现象。他发现，江苏一所大学首先将 SCI 引入了科研评价体系，此后，中国各高校和研究机构竞相模仿，SCI 逐渐被异化为衡量科学研究水平的最主要指标，用于各高校和研究机构甚至给科学家排名，论文成了有价的商品。而实际上，SCI 仅仅是美国一家文献检索机构的论文数据库，它不过是图书馆所编的索引目录，方便大家查找资料。对此，潘际銮于 2005 年 3 月 25 日在《中国教育报》发表《以 SCI 论成败——

学术界一个严重误导》一文：

当前我国教育界、学术界存在一股强大的潮流，就是以 SCI 录用论文作为衡量一切工作最主要的指标。如衡量高等学校水平并作为排名依据；衡量科研单位的成就；衡量某一学科的水平；衡量每一名科技工作者在学术上所做的成绩；衡量研究生学位论文的合格性。各单位都把这些指标作为评估体系的重点，而且又把评估结果和论文数的多少与个人的待遇、奖励、经费分配、职称评定等密切挂钩，这就导致教师及科技工作者猛烈追求 SCI 论文（或论文）数量，一些人急功近利，甚至弄虚作假，极度污染了学术氛围。

一、以 SCI 录用量作为评价指标是一种误导

近年来，我国科学界过于强调 SCI 录用论文数量，国家有关权威检索机构对我国发表的 SCI 论文的单位进行排序，这给高校校长、学院院长，甚至系主任造成了不小的压力。各高校为了提高自己的知名度，纷纷制定相关政策，将 SCI 录用论文与奖励、工资、职称、博士学位挂钩。SCI 录用论文数量已成为科技人员晋升职称、博士研究生获取学位的"硬指标"。如一些高校规定化学专业，没有十几篇 SCI 论文评不上副教授；博士研究生要想获得博士学位，至少要有一篇 SCI 论文。每篇

SCI 论文奖励少则几千元，多则上万元。

　　学术评价具有重要的导向功能，是学术活动发展的风向标。如果仅仅以 SCI 引录的数量作为衡量科研单位、高校研究水平，作为衡量科研人员科研能力与学术水平评价及职称评定的指标，并与经济利益挂钩，其结果会导致一些科研人员专门选择一些容易被 SCI 收录的论文课题去研究，急功近利。个别人将同一项成果以各种名义和形式反复发表，或将很好的内容拆分发表，以增加被 SCI 收录的机会，破坏了扎扎实实搞研究、默默无闻潜心治学的学术环境。

二、以 SCI 录用量来衡量是否达到世界一流是片面的

　　以 SCI 录用论文（或论文）作为衡量一切工作的主要指标的指导思想，产生于对世界一流水平的认识。认为我国科技水平是否达到世界一流水平，一个重要的指标，就是看学术论文数（ SCI 录用论文）是否达到世界先进国家的论文数；一所大学是否为世界一流大学的水平，就是要看该大学所发表的论文数。这种认识是非常片面的。

　　实际上一个国家或一所大学的科学技术水平的高低，主要是要看其创新能力，是否做出重大科学或技术成果。我国 20 世纪 50 年代在第一个科学规划中提出的主要目标是"两弹一星"，由于这个目标的实现，使我国科技水平跻入世界一流，而并非

我国当时发表了多少 SCI 论文。解决重大科学问题特别是中国自己的重大科学技术问题，应该是我国追求一流水平的主要指导方针和方向。如果了解一下世界先进国家的科学家或教授所做的工作和论文，可以发现大都是为了解决自己国家的科学和技术问题。如果我们只跟着他们的方向去搞论文，就会成为"无皮之毛"。

我们不否认"科学"无国界的世界性，但以 SCI 录用论文数作为我们发展科学技术的指挥棒，不仅不可能把我国科技带入世界一流水平，而且会造成一种片面追求 SCI 录用论文的趋势，而忽视为国家经济建设和科学发展做出有意义的贡献和成果。

三、以 SCI 录用量来衡量科研成果不利于科技发展

论文是科学成果的反映，而不是科学成果本身，因而论文的数量与科学成果的价值和意义没有一定的逻辑关系。有许多重大的科技成果，如三峡水利工程、杂交水稻等具有重大的科学意义和经济价值的世界一流的科技成果，并非表现为大量的 SCI 论文。相反，有 SCI 论文的成果，不一定具有重大的科学意义和价值。再者，SCI 录用论文是有一定范围的，自然科学是录用的主要方面，而技术科学和工程就较少录用，至于人文科学则不在其列。

科学研究是一个积累过程，成就是在前人、别人的工作基

础上才能有所突破的。做研究工作一定要戒除浮躁心理，要踏踏实实，要耐得住寂寞。一项研究或许几年、数年都不能解决一个问题。如悉尼·布雷内（Syndey Brenner），从 1960 年开始默默无闻地从事线虫研究，经过 40 多年，终在 2002 年获得诺贝尔生物学或医学奖；袁隆平院士从 1964 年开始培育杂交水稻，连续 6 年没有出成果，终于在 1973 年培育出了我国第一批籼型杂交水稻。

如果仅仅以 SCI 录用论文数量来衡量科研单位、高等学校的研究水平，衡量科技工作者的研究能力和学术水平，这就会促使人们仅仅追求 SCI 论文数量的积累，而忽视科研成果的质量，容易产生一种急功近利的倾向，不利于国家经济建设，不利于我国科学技术的发展。有关方面应该制定出客观、公正、有利于科学技术发展的学术评价机制，以消除误导及不良影响。

潘际銮的观点，引起了社会各界与教育部门乃至中央高层的关注。2020 年 10 月，中共中央、国务院印发《深化新时代教育评价改革总体方案》，其中指出："完善立德树人体制机制，扭转不科学的教育评价导向，坚决克服唯分数、唯升学、唯文凭、唯论文、唯帽子的顽瘴痼疾，提高教育治理能力和水平，加快推进教育现代化、建设教育强国、办好人民满意的教育"，"改进学科评估，强化人才培养中心地位，淡化论文收录数、引用率、奖项数等数

潘际銮在西南联大原教室留影

量指标，突出学科特色、质量和贡献，纠正片面以学术头衔评价学术水平的做法"。①

2016 年 3 月，潘际銮应邀到云南师范大学访问，并在"西南联大讲坛"作主题报告——《抗日战争中的西南联大》。

报告开场，潘际銮深情地说："今天我非常高兴来到这儿作报告。云南是我的第二故乡，也是我成长的地方，有深厚的感情。所以，来到这儿以后，就感觉好像是回到了家，因为我在这儿学习生活达

① 中共中央 国务院印发《深化新时代教育评价改革总体方案》，《新华每日电讯》，2020 年 10 月 14 日。

八年之久。现在，大家都认为西南联大是我们中国高等教育史上最成功的一所大学。确实，我也担任过现代大学的校长（曾担任过南昌大学校长），但是我觉得还是要学习当年西南联大那种精神、那种培养人才的制度。"接着，他从三个方面介绍自己的母校西南联大。一是联大的历史，二是联大的办学理念和精神，三是联大的教育制度。潘先生认为，联大办学的八年，确实是中国高等教育史上的丰碑，这八年不仅培养出了杰出的人才，还达到了高水平的办学标准，为我们国家在抗战时期的人才培养作出了非常重要的贡献。

2021年，为了留下更多更珍贵的联大记忆，潘际銮在北京再次接受了西南联大博物馆的口述史专访。他坦言，今后恐怕没有机会再接受专访了，所以希望采访过程中不要打断他，他会尽情地讲，不留遗憾。一语成谶，先生的最后一次口述已成绝响！

潘际銮表示："做任何事情，我以为作怪的主要是金钱名利。名誉、地位、金钱等，可以说是奋斗的结果，但绝不能当成奋斗的目标。我还是信奉这几句话——富贵不能淫，贫贱不能移，威武不能屈。"

滇水浩荡立丰碑，联大高风传青史。潘际銮一生不慕名利，但在祖国和人民所写的历史上，一定会深深地镌刻下他不朽的名字。①

---

① 龙美光：《追忆潘际銮院士》，《北京青年报》，2022年5月10日。

第四章

科技报国的焊接人生

潘际銮在哈尔滨工业大学进修，后回到清华大学创立焊接专业，是中国焊接专业的建设者和开拓者。

入职清华园与到哈尔滨工业大学进修

1948 年 8 月，成绩优异的潘际銮成为清华大学的一名助教。潘际銮先被安排在锻工车间指导学生实习。为了熟悉锻造操作，他花了一个多月的时间向工人师傅学习打铁，从而能熟练地指导学生操作，解答学生提出的问题。不久后，他被安排做著名科学家、教育家刘仙洲教授的助教。刘仙洲勤奋、严格、诲人不倦的育人态度，理论联系实际、学理与实验并重的教育思想，深刻地影响了潘际銮。潘际銮在清华大学读书与工作的时候，很喜欢和同学们一起打篮球，后来还迷上了打网球，游泳更是从30岁出头一直坚持到了70多岁，练就了良好的体魄。

1950年8月，教育部决定从全国各高校选拔150名优秀青年教师到哈尔滨工业大学（哈工大）进修俄语，为全面学习苏联的教育经验、改革中国教育制度做准备。很快，清华大学选送了包括潘际銮在内的10名青年教师去哈工大。这时的哈工大已被确定为学习苏联教育经验的重点大学。1952年1月，为了加快我国工业建设步伐，加速对工程技术人员的培养，摆脱工业落后的局面，中央指示

潘际銮早年在清华大学留影

要学习苏联培养高等科技工作人员的经验，聘请苏联专家到国内大学任教，帮助建设新专业、培养研究生。于是，教育部又决定把潘际銮这批俄语进修生全部转为研究生，在苏联专家的指导下进行深造和研究。

在哈工大，潘际銮先用半年时间学会了俄语，接着师从苏联焊接专家普罗霍洛夫教授。这是潘际銮迅速学习世界最高水平焊接技艺的良机。普罗霍洛夫思维活跃、视野开阔，他不仅关注当代科学技术的最新成就和趋势，还重视本学科领域的动向和发展，力求自己研究的工作始终立于科学技术发展的最前沿。

1952 年 2 月下旬，普罗霍洛夫指定潘际銮的研究方向是焊接中的热裂纹（裂纹是焊接技术的一个关键问题），具体课题是"金属在固化线附近的力学性能"。3 月，潘际銮在普罗霍洛夫的指导下，利用纯铝制成条状试件，对金属在脆性温度阶段内的强度、塑性、温度、变形速度等因素的关系进行深入的实验研究。普罗霍洛夫是一位很重视实验并善于进行实验的导师，而潘际銮也充分发挥了他的动手能力和实验才干。没有现成的拉伸设备，他用一台旧车床改装成了符合要求的拉力机。为了使试件温度均匀并不致由于自重而断裂，他巧妙地把铝试件平托在一个铜模上，收到了良好的效果。

焊接技术的奥秘引起了潘际銮的浓厚兴趣，他整天泡在实验室，利用工业用铝制成条状试件，对金属在脆性温度阶段内的形变、形

第一机械工业部焊接专业座谈会留影

1955年，潘际銮（前排左二）参加第一机械工业部焊接专业会议

变速率和塑性等因素的关系进行深入的实验研究。1953年，潘际銮在整理总结实验研究的基础上，完成了自己的毕业论文《焊接中金属的晶间层断裂问题》，这显示出潘际銮已经初步具备驾驭研究科学技术前沿的纷繁复杂局面的能力。20世纪50年代，我国的工业依旧十分落后，各地不时出现焊接问题。普罗霍洛夫经常受邀到我国一些厂矿，帮助解决生产和基建中的各种焊接问题。潘际銮作为普罗霍洛夫的助手和翻译，得以近距离学习普罗霍洛夫处理各种复杂难题的专业素养。有时普罗霍洛夫忙不过来，就由潘际銮上门解决，这样的机会锻炼了潘际銮处理实际问题的能力，专业水平很快得到了提高。

1952年9月，哈工大决定筹建焊接教研室，潘际銮被任命为焊接教研室代理主任。在苏联专家的指导下，他与5名焊接师资研究班的同学开始了筹建工作。随后，哈工大又决定筹建焊接专业。年轻的潘际銮一边教学，一边进行科研和管理，在忙碌中快速成熟起来。1953年8月，潘际銮硕士毕业后，担任哈尔滨工业大学机械系教师、焊接教研室主任，参与创建了哈尔滨工业大学的焊接专业。

中国焊接专业的开拓者

1953年9月14日，《新清华》报道："清华大学本身及中央高等教育部批准，增设了四个专业，即焊接及其设备专业、暖气通风专业、拖拉机专业、电子管制造专业。"清华大学的"焊接及其设备专业"是继哈工大焊接专业之后我国的第二个焊接专业。不久后，潘际銮与通过焊接培训的一批研究生从哈尔滨工业大学返回清华大学，正式组建焊接教研室，并被任命为焊接教研室主任。哈工大和清华大学由此培养了大批焊接专门人才和师资，他们分赴全国的高等学校和工业单位。高等学校也开始建立焊接专业，全国设立焊接专业的高等学校多达 27 个，为我国工业建设和经济发展做出了重大贡献。

1953 年 9 月 29 日，清华大学录取的新生陆续到校，新创办的"焊接及其设备专业"迎来了第一批学生。由于对专业不了解，不少学生感到失望，有的甚至提出调换专业。潘际銮和焊接专业的老师一道做学生的思想工作，潘际銮如数家珍地向学生介绍焊接技术的特点、地位和作用："焊接是一门新兴的先进技术，它节省原材料，坚固美观，简化工序，并能改善劳动条件；世界上约有一半的钢材需要焊接才能成为可用的产品，一辆轿车约有 7000 个焊点，一架飞机约有 25 万个焊点和 250 多米的焊缝，一个焊接的锅炉要比铆接的锅炉节省金属 25%。想一想，焊接是多么重要而有意义的工作啊！"他让学生知道我国焊接事业还很年轻，有许多技术问题目前还不能解决，需要大量精通业务的焊接专家去攻克。他希望大家增强对祖国的责任感，努力学习，热爱专业，把自己培养成为一个焊接工程师。

清华大学的焊接专业从无到有、从有到优，为祖国建设事业培养了一代又一代焊接人才。他们迅速点燃了全国各地的焊接人才培养热情，并直接服务于祖国的社会主义建设事业，完成了多项国家重大工程项目。

1958 年，冶金工业部决定我国自己制造轧钢机，当时国内铸锻能力不够，生产不了轧钢机架，潘际銮建议将铸锻件用电渣焊接的方法，将几个铸锻件拼成轧钢机架。由于电渣焊接需要很大的电量，潘际銮建议在石景山发电厂建立焊接基地。他带领团队在国内首次完成"电渣焊制造重型轧钢机架技术研究"，成功研制重型轧钢机架，受到机械工业部、冶金工业部的表扬。随后潘际銮组织清华大学师生技术推广队到全国各地推广，用于其他工业。周恩来总理曾陪同来访的朝鲜主席金日成到清华大学参观电渣焊接研究工作的展览。

1959 年，北京市因国庆献礼，需制作 6 个 200 大气压、200 毫米厚、6 米高、1.5 米直径的高压蓄势器。当时国内无此厚钢板，且没有工厂可以制造。潘际銮欣然接受研制任务，决定采用薄钢板滚圆包扎焊接制造。钢板厚 8 毫米，包扎 20 多层，为完成这项工程，潘际銮带领全专业师生，在焊接馆旁的广场设计建立厂房，制造起重机、滚圆机进行生产。功夫不负有心人，他们成功研制高压蓄势器，且通过了科学压力的试验，质量可靠。这一年，潘际銮还作为访问学者，前往苏联巴顿焊接研究所学习。

1959 年，潘际銮主持研制 200 大气压蓄势器

　　1959—1960 年，潘际銮带领清华大学焊接教研组在国内首次完成"利用堆焊技术制造重型锤锻模技术研究"，解决了长春汽车制造厂缺乏重型锤锻模钢的问题。

　　1961 年，清华大学决定建造一座核反应试验堆。反应堆结构复杂，需全部采用铝合金焊接方法制造，结构必须严格密封，焊缝长度达数千米，难度很大。潘际銮接受任务后，除原有车间外又增设超净车间和铝板表面化学处理系统。他带领教研室成员奋斗数月，最终试验成功并利用氩弧焊技术高质量完成了核反应堆焊接工程。

1961 年，潘际銮主持完成清华大学核反应堆焊接工程

1963 年，上海汽轮机厂决定开发大功率汽轮机生产。大功率汽轮机生产的关键是转子生产，因其重量体积大，质量要求高。为此第一机械工业部组织清华大学、哈尔滨焊接研究所、沈阳金属所等单位研究攻关，于 1964 年制造出我国第一个大型汽轮机焊接转子，并投入生产。在这个技术的基础上，上海汽轮机厂不断发展，近十年又与清华大学合作，研制成功百万千瓦汽轮机焊接转子，并且用于华能一号核电站汽轮机上，为世界领先技术。这些技术的研制成功，潘际銮功不可没。

潘际銮与上海汽轮机厂等单位合作研制的大型汽轮机焊接转子

核反应堆运转需要燃料棒和控制棒。燃料棒和控制棒是由燃料和控制材料装入管子，密封焊接而成。而管子是由锆、钛、钼等特殊材料制成的，因此不能在空气中焊接。为了解决燃料棒和控制棒的焊接问题，1964 年，潘际銮与上海电焊机厂合作研究真空焊接，创造了我国第一台真空电子束焊接机。

20 世纪 70 年代，潘际銮研究电弧传感器，首次建立电弧传感器的动、静态物理数学模型，并研制成功具有特色的电弧传感器及自动跟踪系统。由于核反应堆的各种设备对密封要求极严，潘际銮和研究组成员就完善氩弧焊技术特别是消除气孔问题作了深入的实验研究。

潘际銮与上海电焊机厂合作研制的电子束焊接机

1969 年，由于珍宝岛事件，中苏交恶。苏方停止向我国长春第一汽车厂提供锻模，使得我国不能生产汽车。潘际銮提出以堆焊方法制造锻模，并率领教研室成员赴长春第一汽车厂研究制造，经大量试验后，终于研制成功，解决了汽车厂的紧急需求。

"文化大革命"期间，潘际銮被扣上"坚持资产阶级反动教育路线的顽固分子"的帽子，天天接受批斗。在此情况下，潘际銮找到知己张人豪、张连弟与吴志强，躲在实验室进行研究工作。潘际銮指出焊接技术中一个关键问题是焊接电源重量太大，并提出用逆变方法提高电源频率，减小变压器重量。为此他们每天在实验室钻研，1973 年成功制造出全世界第一台逆变焊机，是世界领先技术。

潘际銮研制的电弧传感器及自动跟踪系统

潘际銮以堆焊方法制造的锻模

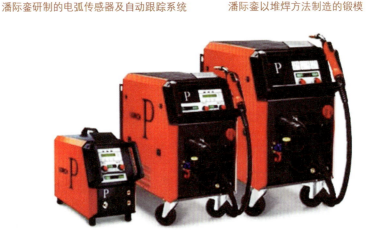

潘际銮等人研制的逆变焊机

　　英国焊接研究所发明了"Synergic 脉冲 MIG 焊接法"。这种焊接法是根据送丝速度自动设置所有焊接参数，虽然可根据送丝速度自动改变所有焊接参数，但是弧长发生变化时不能自动调节。为此，潘际銮着手研究新型电弧控制法，最初设想是对焊接电弧稳定性和熔滴过渡控制进行研究，得到了张人豪、张连第、吴志强等几位教师的响应。他们自制了高精度动态特性的大功率晶体管电源，创造

潘际銮研究成功新型电弧控制法

出具有双阶梯外特性、方框外特性、多折线外特性的焊接电源，利用这样的焊接机，电弧自动适应送丝速度和弧长的变化，始终保持稳定的射流过渡。潘际銮团队还利用这种焊接技术制成单面焊双面成型的设备，研究工作属于世界领先水平。1984年，他发明的"新型MIG焊接电弧控制法"荣获国家技术发明奖一等奖。

1984年，潘际銮及其团队的"新型MIG焊接电弧控制法"获国家发明一等奖

1987年，我国决定在秦山建立第一座核电站。建设核电站的关键制造工艺是焊接，因为整个核电站要求密闭，不得有任何泄漏。起初建造时，我们的焊接质量很差，多处还有裂纹。这样建造，必然会产生严重后果。国家领导人了解情况后，高度重视，当即找潘际銮等人，请他们立即对秦山工程进行实地考察并做出处理。他们到工地后确实发现大量焊接质量不合格，而且存在裂纹。最终整个工程停止，推倒重做。核工业部聘请潘际銮为工程焊接顾问，请他对工程下一步建设及焊接提出建议，进行指导。潘际銮与电站施工

单位共同制定焊接结构、焊接性能及焊接工艺试验方案。这些措施实施后收到了良好的效果，让核电站"密不透风"，使得核电站的建设顺利进行。工程虽晚一年完成，但质量优良，至今已运转40余年，没有出现问题。1991年12月，秦山核电站并网发电。2022年2月6日，中央电视台新闻频道播出《吾家吾国》节目对潘际銮的专访，其中指出："2021年12月，秦山核电站1号机组获得了国家核安全局颁发的运行延续许可，有效期延长到了2041年。为秦山核电站的安全运行立下汗马功劳是潘老漫长'焊接人生'的高光时刻……"

潘际銮（右三）在秦山核电站工地

潘际銮（左二）在工地考察钢轨焊接

　　2007 年，我国决定建设每小时行驶 350 公里的高速铁路。高速铁路必须有高速的车辆，还必须有与高速相配的钢轨。但是钢铁厂只能生产 50 米长的钢轨，常规铁路是将 50 米长的钢轨用螺栓连接起来，无法承载高速行驶的车辆，所以必须把每根 50 米的钢轨连接起来，成为无缝钢轨，这就必须采用焊接方法。钢轨为高碳钢，焊接难度大，高速铁路对钢轨质量要求高。铁道部领导到清华大学特邀潘际銮做顾问。潘际銮到钢轨焊接现场，对焊接方法、规范、制度进行了详细的研究，提出了很多指导性意见。2008 年，潘际銮主持完成铁道部科研开发计划重大课题"全自动钢轨窄间隙电弧焊制技术与装备"，实现了采用自保护药芯焊丝的钢轨全自动窄间隙电弧焊新方法进行无缝钢轨的焊接。该项目具有我国完全自主知识产权。现在全国高铁里程已有数万公里，使用焊接接头上百万个，个个质量优良，从未发生过问题。

焊接工作操作非常辛苦，弧光、粉尘、高温对焊工身体伤害严重，大量焊接产品又是大型结构，焊接位置复杂，焊工时常冒风险操作。而当时的工业机器人大都是固定式的，无法用在大型结构的焊接上。潘际銮一直想创造一个能代替工人的焊接机器人。但技术难度非常大，一是机器人必须能在三维空间的任何位置稳固，不掉下来，二是机器人要能受控运动，三是机器人要能找到产品的焊缝位置自动

潘际銮与无轨道爬行焊接机器人

跟踪，四是机器人能根据产品要求采取一定的规范进行焊接。他和闫丙义、高力生、卢勤英合作，用 20 年的时间，成功研制无轨道爬行焊接机器人。它可在三维空间的复杂危险位置代替人工进行焊接，而且质量效率高于优秀的焊工。机器人为世界唯一，处于世界领先水平，获得多项国家专利。

潘际銮后来回忆："1956 年上半年，清华大学焊接教研室开出了第一门专业课——焊接冶金原理，下半年又开出了 6 门专业课。在抓教研室教学工作的同时，我鼓励教师积极开展科学研究，希望通过承接科研项目和让学生参与科研，使他们从科研中感受到国家

1998 年，潘际銮在清华大学留影

工业发展对焊接专业需求的紧迫性。那段时间，我们结合工业发展、经济建设和国防建设的需要，研制成功了重型轧钢机架的电渣焊接技术、大型锤锻模堆焊技术、我国第一台真空电子束焊机，完成了2500吨水压机全套高压蓄势器的研究及生产任务、清华大学核反应堆焊接工程的研究及生产任务、我国第一个汽轮机大型拼焊转子工程等。这些项目都是在西方国家对我国进行封锁和禁运、苏联对我国中断援助、科研资料极其匮乏、科研条件极其艰苦的情况下完成的。"①

1998年4月24日，潘际銮在清华大学参加毕业五十周年聚会，并作诗一首：

毕业五十周年与同窗欢聚有感

春城相逢少年时，抗日烽火国土沦；

糠米充饥无所惧，草堂茅屋学更勤。

春雷一声天明朗，学子各奔锦绣程；

献身科教育新人，辛勤耕耘五十轮。

老骥伏枥英雄城，赤子只为乡土情；

苍天不负有心人，消除三无白鹿典。

水木清华景依旧，蓦然回首古稀龄；

---

① 扈永顺：《中国科学院院士潘际銮：将自己的命运与祖国"焊"在一起的焊接人》，《瞭望》新闻周刊，2021年7月27日。

学子难忘同窗景，终身永记母校恩。

2006 年 4 月 20 日，潘际銮在清华大学机械系全体师生大会上，就如何"做人、做事、做学问"寄语大家：

做人

与人为善，助人为乐；

己所不欲，勿施于人；

海纳百川，有容乃大；

坚持真理不做违心事。

做事

团结合作，集体作战；

苦乐共享，战斗中成长；

知难而进，勇于攀登；

认真负责，廉洁奉公。

做学问

潜心治学，宁静致远；

只求贡献，淡泊名利。

攀登科学高峰

1977 年，潘际銮当选为中国共产党第十一次全国代表大会代表。1977 年 8 月 12 日，潘际銮出席中国共产党第十一次全国代表大会。1978 年，潘际銮晋升为教授。他在国内率先研究成功电弧传感器机器焊接自动跟踪系统。他还担任德国亚琛工业大学机械系客座教授、德国汉诺威大学材料工程系客座教授。

1980 年，潘际銮当选为中国科学院院士

1980 年，潘际銮当选为中国科学院院士。

1984 年，潘际銮团队发明的"新型 MIG 焊接电弧控制法"，荣获国家技术发明奖一等奖。

1985 年，潘际銮被中华全国总工会授予全国优秀科技工作者，并获北京市特等劳动模范称号。1986 年，潘际銮担任清华大学学术

2001 年，潘际銮获中国焊接最高荣誉奖

委员会主任、美国俄亥俄州立大学焊接系客座教授。1989 年，潘际銮被中国科学院授予荣誉奖章。

1991 年，潘际銮获中国机械工程学会授予的科学技术成就奖。1994 年，他研制发明的"焊接温度场检测装置用传感器"获中国发明专利授权。1995 年，潘际銮获全国教育系统劳动模范称号。1996 年，潘际銮获江西省劳动模范称号，并被中华全国总工会授予全国五一劳动奖章。1997 年，潘际銮当选中国共产党第十五次全国代表大会代表。

2000 年，潘际銮获何梁何利基金科学与技术进步奖。2001 年，潘际銮被中国机械工程学会焊接学会授予中国焊接最高荣誉奖。

潘际銮捐赠给清华大学档案馆的部分证书与奖章

2005 年，潘际銮被中国焊接学会和中国焊接协会联合授予首届中国焊接终身成就奖。

潘际銮后来回忆焊接机器人的研制初衷时说道："1979 年，我参加一场全国焊接学术会议时，看到工人要焊接一个大直径合金钢罐体，为达到工艺质量要求，管件必须预热到 200℃。工人要穿厚厚的石棉服进入罐体内焊接，在里面坚持十几分钟。灼人的高温使狭小的空间里聚集了大量有害气体，救护车必须一直在场，随时准备抢救休克的工人。这个场景让我印象很深刻，从那时起就下决心要实现大型工件的焊接自动化。"

大型结构件的自动化焊接一直是焊接领域的一大世界难题。虽然已有的焊接机器人能够替代一部分人工，但焊接机器人的机械臂运动范围只能在 2 米直径内，面对火箭、巨轮、油罐等超大型工件，依然束手无策。一次考察期间，潘际銮看到国外一家公司研发的焊接机器人可以像壁虎一样沿轨道爬到工件上焊接，这给了他启发。不过国外的爬行式焊接机器人需要预先在要焊接的物体表面铺设轨道，但在大型结构件的焊接上，往往面临焊接作业面大且变化多样等问题。特别是在有曲面焊缝以及不规则焊缝的场景中，轨道很难与焊缝完全平行，焊接效果差。潘际銮想要研究一款可以在不断运动中自动调整的爬行式焊接机器人，即无轨导全位置爬行焊接机器人。它是一个多学科交叉融合的系统工程产品，当时在世界上是没有的。

在无轨导全位置爬行焊接机器人研制成功后，又面临着如何产业化的难题。2017 年，潘际銮的学生、清华大学机械工程系博士冯消冰创立了北京博清科技有限公司，承接了焊接机器人创新成果，成立了由机械、焊接工艺、控制、图像处理专业博士、硕士等组成的研发和管理团队，由此开始了焊接机器人的产业化进程。经过近四年的刻苦攻关，在国际上，率先将可在三维曲面大型结构件上自主寻缝焊接的新一代无轨导全位置爬行焊接机器人推向市场。2018年，无轨导全位置爬行焊接机器人实现在大型储罐的焊接应用；2019 年，中国机械工程学会在北京组织召开了无轨导全位置爬行焊接机器人科技成果鉴定会。鉴定委员会认为项目成果技术难度大，

潘际銮团队的"无轨导全位置爬行焊接机器人"获发明一等奖

创新性强，具有自主知识产权，整体技术达到国际先进水平，其中在三维曲面的大型结构件上自主寻缝及焊缝对中技术达到国际领先地位。目前无轨导全位置爬行焊接机器人已经在中石化中科炼化一体化湛江项目上得到应用，且经检测焊缝质量验收标准一次性合格率达到98%以上，焊接精度高于行业相关标准，而且工作效率比传统的人工焊接提高3—5倍，深受客户好评，在国家重点行业的建设中发挥了重要作用。

随着博清科技特种焊接机器人的更新迭代，全自动化焊接将陆续进入油气化工、轨道交通、船舶制造、核电、能源和建筑钢结构等众多重要建设领域。博清科技公司就是把理论做成了实践，把实践做成了产业，用产业报效祖国，用产业贡献世界。潘际銮给博清科技公司提了 4 个要求：国家需要坚决上马，知难而进、勇于攀登，团结合作、共同战斗，只求奉献、淡泊名利。[①]

在通往科学高峰的路上，潘际銮总是一个攀登者。

据不完全统计，潘际銮在国内外发表学术论文 100 余篇，出版中文著作 6 部，英文著作 1 部，代表著作有《Arc welding control》《现代弧焊控制》等；获国家专利 10 余项，美国专利 2 项。

桃李不言，下自成蹊。潘际

1985 年，潘际銮团队的"焊接电源外特性控制法，弧焊机及其电路"获国家专利证书

---

① 扈永顺：《中国科学院院士潘际銮：将自己的命运与祖国"焊"在一起的焊接人》,《瞭望》新闻周刊，2021 年 7 月 27 日。

銮说，1980 年当选为中国科学院院士，是件后知后觉的事情。他回忆，当时"填了一张表"，简单地写下了完成的科研与工程成果。后来，他才被告知。"我所获得的荣誉，都不是我追求的结果。"潘际銮说。不少接触过潘际銮的人一致评价他，"对名和利，不敏感"。

潘际銮认为，加强现代工程和技术科学研究，首先要坚持正确的科研导向。虽然国家倡导破"四唯"，也出台了一系列政策，但到了高校层面仍然非常看重论文。不管是基础研究还是工程技术研究，都要看发表论文数量、论文发在了哪些期刊上。现在一些高校教师的科研目标就是做理论、出论文。这是很危险的事情，如果大家都为了追求论文而故意设置一些能出论文而对解决现实问题毫无意义的课题，不仅浪费科研经费，对我国经济建设也不会有什么贡献。科技创新要着眼于产业化，要将能否产生经济效益、能否产业化视为评价科研成果的首要标准。[①]

潘际銮在 1993 年 4 月至 2002 年 12 月，肩负历史使命，赴南昌大学担任校长，把这所地方院校带入"211 工程"建设重点大学。这里的"211 工程"是指在 20 世纪 90 年代初，国家启动面向 21 世纪、重点建设 100 所左右的高等学校和一批重点学科的建设工程。2002 年底，潘际銮功成身退，改任南昌大学名誉校长，并回到清华大学，将更多的精力放回到科学研究与技术攻关上。

---

① 扈永顺：《中国科学院院士潘际銮：将自己的命运与祖国"焊"在一起的焊接人》，《瞭望》新闻周刊，2021 年 7 月 27 日。

清华大学机械工程系副研究员蔡志鹏讲述了以下"核电低压转子"的故事[1]：

早在 20 世纪 60 年代初，清华大学就与上海汽轮机厂等几家单位合作攻关，完成了国内第一根大型焊接转子，用于 6000 千瓦燃气轮机组。2008 年，上海汽轮机厂希望再次与清华大学联合攻关。厂里领导介绍说，核电低压转子是国家即将开展的大规模核电建设中亟须解决的重大"卡脖子"问题，希望清华的"国宝级专家"能继续为攻关提供技术指导。

此事的背景是，2007 年，中国正式对外发布《核电发展专题规划（2005—2020 年）》。建造百万千瓦级核电的关键部件是特大型低压转子。转子是汽轮机的核心部件，分焊接和整体锻造 2 种，前者只有法国阿尔斯通能生产，后者只有日本制钢所（JSW）和韩国斗山重工有生产能力。中国已建和在建的百万千瓦级核电低压转子全部依靠进口，因此自主研制低压转子就成为中国发展核电的关键。

根据国家规划，研制工作实行"两条腿走路"，既研制整体锻造转子，也研制焊接转子，以整锻转子为主，焊接转子为辅。在研究中，潘际銮始终深追一个问题：焊接转子比起整锻转子，到底有哪些好处？潘际銮决定开个学术研讨会，从技术到国家规划层面彻底搞清楚这两种转子的区别。上海汽轮机厂委派资深专家、清华热

① 宋春丹:《最"年轻"的西南联大校友走了，曾把南昌大学带入 211》,《中国新闻周刊》, 2022 年 7 月 18 日。

能系校友姚尔昶到清华介绍情况。厂里完成了一份关于焊接转子与整锻转子对比情况的国内外调研报告，姚尔昶带来了报告节略版。这是一篇珍贵的内部资料，让潘际銮基本把握住了焊接转子的特点。

2008 年 10 月，上海电气大型焊接转子研制交流会在北京国宏宾馆召开。当时日本制钢所的整锻路线引领世界，与会的中国广东核电集团领导提出了焊接残余应力等问题，对于能否应用国产焊接转子表达了顾虑。潘际銮则明确提出，制造大型转子的主要技术途径应该是焊接，而不是整锻铸造。在当时，这个观点是超前的。会后，潘际銮被聘任为大型核电低压焊接转子研制攻关首席科学家，协同上海电气、清华、哈尔滨焊接研究所和上海交大进行攻关。国家同时支持"一重"（中国第一重型机械集团）和"二重"（中国第二重型机械集团）开展大型整锻转子的研发。

2009 年 1 月，清华课题组初建完成，后不断扩大。队伍里既有当年参加中国第一根压气机焊接转子研制工作的老一代科学家，也有青壮年科研骨干和博士生、硕士生和本科生。焊接残余应力是课题组和客户特别关心的问题。蔡志鹏带着助手来到上海汽轮机厂，测量出了焊接转子残余应力的分布情况，评估了关键工艺技术对降低应力的效果。蔡志鹏将测量结果向课题组作了汇报，潘际銮很高兴，评价他们"立了头功"。他又向上海汽轮机厂领导作了汇报，对方也很高兴，称赞潘老师的新一代团队仍然能保持清华作风。

潘际銮将研究团队分成若干小组，每周召开碰头会。团队每周还有一次学术午餐，一次集体篮球或游泳活动，每两三周组织一次全组汇报。在潘际銮及陈丙森、任家烈、鹿安理几位老师的带领下，研究团队成长迅速。蔡志鹏发现，潘际銮平时在课题组温文尔雅，说话不多，但在外面开会时相当有气场，每句话都斩钉截铁，很有分量。他待人平和友善，但总能抓住重要关键问题。

2011年10月，潘际銮受邀参加国家核电技术公司组织的核电焊接转子技术鉴定会。在这次会上，第一次在全行业内将焊接调整为制造核电低压转子的主要技术路线，证明了潘际銮2008年的预言。为了让用户更容易接受百万核电低压焊接转子，上海汽轮机厂2010年专门研发了一根超临界百万火电低压焊接转子。大型核电汽轮机为半速机组，火电为全速机组，相比之下，火电机组承受的载荷更大，且启停频繁，对焊接转子的综合性能要求更高。在这之前百万火电采用的都是低压整锻转子，因此这根转子成功研制出来后，一直没有用户愿意使用。

2012年，上海汽轮机厂准备在北京召开大型焊接转子的技术鉴定会，副总工艺师沈红卫找蔡志鹏商量，一是想请潘际銮担任鉴定委员会主任，二是想让清华作一个技术报告。蔡志鹏回来汇报后，课题组开会讨论。大家觉得，潘际銮担任鉴定委员会主任没有问题，但清华作技术报告这件事，不是又当运动员又当裁判员吗？还是潘际銮拍板，只要对推动焊接转子有利，对国家有好处，就应该担当。

蔡志鹏建议，清华以第三方身份，从学术角度讲焊接转子的可靠性，这样就不影响鉴定的逻辑关系。这个建议得到了大家认可。他还大胆提了一个建议，报告的核心内容应该是焊接转子"薄弱环节不薄弱"。他把这个想法告诉沈红卫后，沈红卫琢磨了好久才说，就按清华的想法做吧。他后来说，当时担心用户本来就心存顾虑，再介绍薄弱环节，会不会更雪上加霜。

2012年5月，技术鉴定会召开。蔡志鹏代表第三方作技术报告，第一次给出了上海汽轮机厂所研制焊接转子最薄弱环节的塑韧性数据，并提供了测试曲线。听完报告后，原机械工业部副部长陆燕荪第一个发言。他有些激动地说："这么长时间以来，我一直纠结于焊接转子的安全性和迫切性，今天我终于放心了，我们的焊接转子

潘际銮近些年在清华大学工作与开展实验的大楼

是可以用的。清华开展的工作，真正说清楚了焊接转子为什么是安全的。"

这次会议是大型焊接转子突破应用环节的转折点。会后仅一周，就有用户到上海汽轮机厂实地考察，两周后签订商务协议。一年后，第二根产品制造完成。2014年2月，使用焊接转子的机组成功投运，刷新了当时火电机组发电效率的世界纪录。

蔡志鹏认为，潘际銮就像一个大导演，导演了一场国家能源装备业发展大戏；又像一个建筑师，给团队搭建了一个大舞台。他像一场大雨，你是大树可以得到足够的雨水，你是小草也能得到充分的滋养。

2016年，清华机械系从焊接馆搬进了新建的李兆基科技大楼。搬家后，课题组重要的活动依旧会及时通知几位老先生。潘际銮每次都会准时参加，即便不开会也喜欢去实验室，说在家闲不住。他会认真倾听每一个人说的话，哪怕是一件极小的事都会认真分析讨论。他上午吩咐学生做的事，中午就会打电话问进度，学生都养成了今日事今日毕的习惯。

家里墙上的日历记录着他紧凑的日程安排，几乎没有一日空闲，大小会议数不胜数，有时一个月要出差4次。他电脑、手机操作自如，操作系统总是最新版本，能熟练使用QQ、微信，会用PPT做电子贺年卡。偶尔遇到问题，就把研究生喊到面前演示一遍，很快就能领会。他总是兴致盎然，喜欢用一个雀巢咖啡的棕色大瓶子喝浓茶，

潘际銮夫妇使用过的自行车与三轮、四轮电动车

在医院等检查报告时会让秘书陪他去楼下餐厅吃汉堡、喝可乐，夏天喜欢吃冰激凌，像个孩子。他经常骑着自己的电动自行车，带着夫人从学校最北边的荷清苑家中，穿过校园，自驾到最南边的李兆基科技大楼。后来，他的"座驾"相继换成了三轮、四轮电动车。

潘际銮七十多年如一日，为中国焊接技术攀上世界顶峰贡献了青春和美好年华。这个言必"祖国"的老派科学家，说起"爱国"二字一点也不空洞，在老人的微笑里、眉宇间，我们都能找到这两个沉甸甸的词语。2017 年 4 月 15 日，潘际銮在中央电视台第九期《朗读者》节目上朗读了当年清华大学救国会写的《告全国民众书》。在场外与潘老一同朗诵的，还有 12 位老校友：91 岁的音乐家茅沅、95 岁的历史学者胡邦定、97 岁的诗人郑敏、91 岁的航天科学家林宗棠……13位老人的年龄加起来有1200岁,但当他们读起这一段"华北之大,已经安放不得一张平静的书桌了!"时,依然像年少时那样慷慨激昂。

潘际銮回顾当年由于战乱随家人逃难至云南,后考入西南联大,"我们念书的目的就是抗日、救国、回家"。

潘际銮一直带着自己的研究团队朝着更高更远的目标迈进,他尽量选用年轻的科研人员参与其中,以期培养更多青年人才。2017年,清华大学设立潘际銮院士奖学金,里面有学生与同事的捐赠款,也有部分资金是潘老节省下来的工资。该奖学金作为清华大学名师奖学金之一,旨在鼓励清华大学机械工程系相关学科领域学习与研究的德才兼备的博士生、硕士生和本科生,发扬和传承潘际銮院士为人、为学的优良传统,鼓励和支持中国焊接以及相关学科领域优秀人才的培养、学术创新与工程应用。潘际銮深情地说:"中国科学技术的发展正需要不断注入新鲜的血液和活力,为祖国的科研工作攻坚克难、添砖加瓦。"他希望一代代青年科学家都能茁壮成长、献身祖国和人民。

2022年2月6日,中央广播电视总台《吾家吾国》纪实采访节目独家专访了焊接专业创建者潘际銮。

总台记者王宁写道:

行而不辍,未来可期。95岁仍然坚持独立生活,这种独立

2022年，中央广播电视总台《吾家吾国》节目专访潘际銮

让潘际銮在精神上保持着强大的自信。最重要的是，潘老仍然把精力放在他痴迷的焊接事业上。他笃定地认为，"这门发展中的技术会为新中国的建设发挥重要作用"，我们的大国工程是一定需要焊接的。

潘际銮说，当国家派他去解决核电站的问题时，他其实也有担心。但是"国家需要，我必须得去，毕竟办法总比困难多"。潘老今年95岁了，他的一辈子几乎都与"焊接"二字有关，但其中也有岁月静好的温情。

潘际銮院士指导的2016级博士研究生孙其星，后来回忆时告诉笔者：

　　潘老对自己的要求很严格。他在出席活动并要作报告时，除了主办方有特别要求，即便是 90 多岁的高龄，他还是习惯于自己写讲话稿、自己制作 PPT；他还习惯站着作报告，有时一站就是一个多小时。他十分关心自己的学生。听他夫人李老师说，潘老师在病重的时候，还念叨着还没有毕业的几个博士生的名字，担心他走了后学生的毕业问题。在他去世前的半年多里，我也正值写毕业论文的关键时期，他担心我毕业时间紧张，找我的次数比以往少了很多。虽然得知他生病住院，我也没有多想，总以为跟以前一样、很快就会恢复的。得知他病情严重时，因为疫情原因，医院对探望限制非常严格，没有来得及在他走之前见他一面，十分惋惜。

　　在潘老师身边的几年里，我受益匪浅。潘老师曾经寄语我们："知难而进、勇于攀登，团结合作、共同战斗，只求奉献、淡泊名利。"他的一生确实是这样的。我跟他说："不论在什么领域，不论做什么事，不论身处什么境遇，您都是我的榜样，我都会堂堂正正做人，认认真真做事，乐观，豁达，真诚。"最好的缅怀就是学习和传承他的精神，我会继续努力，不辜负对他的承诺，不给他老人家丢脸。

潘际銮夫妇在校园携手散步

第五章

执领南昌大学的情怀

潘际銮从 1994 年 4 月至 2002 年 12 月，应江西省委、省政府聘请，担任新组建的南昌大学校长。最明显的成果是，结束了江西省无国家重点学科、无博士学科点的历史。在他任上的第五年，南昌大学成为一所国家"211 工程"重点建设大学，并且为之后进入省部合建高校、双一流建设高校行列奠定了良好基础。

受聘为南昌大学校长

1977 年 8 月 4 日，33 位从全国各地被接到北京的科学界、教育界代表，围坐在人民大会堂一间不大的会议室里，参加邓小平同志主持召开的科学和教育工作座谈会，会期5天。潘际銮和时任清华大学党委副书记何东昌一起，作为清华大学代表。参加座谈会的33人，是来自全国各地的著名科学家和教育工作者。邓小平同志坐在其中，听着大家讲话。这些站在历史转折处、参与了历史当刻的人们，比旁人更早眺望到了黎明到来前的曙光。那时，极"左"阴霾还未完全散去，但现场的知识分子们却似乎没了顾忌，把憋屈了十年的话，都敞开心扉说了出来。大家的发言基本上都集中在"文化大革命"对知识分子和科学、教育事业的打击和迫害上。潘际銮也讲了清华大学教学、科研秩序混乱等情况，表达了自己对教育界和科技界的担忧。

潘际銮后来回忆说，邓小平的态度"让人觉得像亲人一样。知识分子一肚子话，什么都讲——"四人帮"对知识分子的压迫、对中国科学教育的摧残，自己怎么挨批斗，等等，讲了很多"。会开了整整4天。邓小平听力不太好，女儿邓楠就坐在一旁，为他重复发言人的话。直到第四天，他才开始针对大家提到的问题做总结。这次座谈会上最激动人心的时刻，便是邓小平决定立即恢复高考。房间里所有的参会代表，连人民大会堂端水的年轻女孩们都情不自禁地鼓掌。在1978年的春天，27万考生迈入大学校园。

江西素有"物华天宝、人杰地灵""雄州雾列、俊采星驰"之美誉，自古以来人才辈出，群星璀璨，在漫漫历史长河中放射出耀眼的光芒，为后人留下了一笔宝贵物质和精神财富。唐、宋、元、明、清5个朝代，江西共有进士10495名，占全国的10.99%，有状元41名。

1977 年 8 月，潘际銮（三排右四）参加科学和教育工作座谈会

1992年，潘际銮（前排右五）参加在京江西籍"两院"院士科教兴赣座谈会

秦汉至清末的 2000 余年间，相当一部分江西人在政治、军事、文化、教育、科技等领域中，有着崇高的地位和重大的影响，如陶渊明、欧阳修、王安石、曾巩、杨万里、陆象山、解缙、黄庭坚、文天祥、朱熹、汤显祖、宋应星、八大山人等。

但是到 20 世纪 90 年代，江西在教育方面却成为"三无"省：无重点高校、无学部委员、无博士点。

1992 年底至次年 3 月，江西省教委受江西省政府委托，先后两次召开在京江西籍"两院"院士科教兴赣座谈会，会议主要论证如何在江西建一所重点大学，了解部分同志是否愿意赴江西工作。潘际銮参加了这两次会议，十分关心桑梓之地的教育、文化及经济发展，提出了许多中肯的意见与构想。

时任省委书记毛致用 2006 年回忆：

20 世纪 90 年代初，我在江西省任省委书记，为了在江西建设一所重点大学，省委、省政府抓住国家教委启动"211 工程"这一机遇，决定将江西大学和江西工业大学合并，组建南昌大学，计划投入 1.36 亿元，使其进入"211 工程"，成为全国重点建设大学。

1993 年 3 月 1 日，国家教委给江西省人民政府正式发文，同意江西大学与江西工业大学合并，定名为南昌大学，并希望江西省进一步加强对南昌大学的领导，做好各方面的工作，及时解决实施过程中的各种问题，积极创造条件，使该校尽早进入国家"211工程"。大政方针既定，选择一位好校长便成为当务之急。从中国100多年的大学教育史来看，大学校长是一所大学的灵魂和引路人，选对了校长，大学办好的可能性就有了一半。为此，我们连续两次召开省委常委会，决定选一位德高望重，又有教育管理经验的院士担任南昌大学校长。1993年3月，全国人大会议前夕，时任省长吴官正同志两次赴清华大学，向他的母校领导表达了诚募人才的急迫心情，并请他们帮助推荐一名校长。清华大学领导满口答应，并极力举荐潘际銮先生。对潘际銮先生出任南昌大学校长，其实江西省也是心仪已久。

江西省委、省政府诚邀潘际銮出任南昌大学首任校长，一时被传为佳话。他当时见到吴官正省长后第一句话便是："我已年过花甲，在清华也有很好的工作和生活条件，但我是江西人，家乡人民养育了我，省委、省政府领导信任我，希望我为家乡做点儿事。这既是我应尽的义务，更是我的光荣！"

拟聘请潘际銮之初，江西省有关领导曾向他表示，为了不影响他的学术活动和健康，哪怕去挂个校长的名也可以。后来，当领导获知他"要么不干，要干就要踏踏实实地干，而且还要干好"的本意时，大为惊喜，求之不得。1993年4月，在时任省长吴官正的盛情邀请下，潘际銮带着对家乡人民的深深眷恋，携妻带子离开美丽

1993 年 4 月，潘际銮携妻带子抵达南昌

的清华园，回到家乡出任南昌大学校长。这一年，潘际銮 66 岁。

1993 年 4 月 14 日，南昌大学正式挂牌前夕，江西省委、省政府在原江大学术报告厅举行南昌大学校长受聘仪式。身材挺拔、仪表儒雅的潘际銮从省领导手里接过大红聘书，这意味着江西结束了国家学部委员为零的历史，拉开了创建一所全国重点大学的蔚蓝色大幕，为江西高等教育及国民经济互为因果的长足发展，奠定了举足轻重不可或缺的赭红色的基石。[①]

① 相南翔：《光荣与梦想 抉择与召唤——南昌大学创校始末》，《江西日报》，1993 年 4 月 25 日。

聘任潘际銮为南昌大学校长的仪式现场

4月16日，南昌大学召开第一次中层干部会议，会上，潘际銮提出了办好南昌大学的基本思路，即"三二一构想"：

抓好三项工作：一是花大力气提高本科教育的质量；二是认真扎实地提高研究生的教学质量，争取建立博士点；三是尽快建设若干新的重点学科。

建立两个基础：一是物质基础；二是师资基础。

树立一个目标：全校师生员工为办好南昌大学，为南昌大学早日进入"211 工程"而共同奋斗。

1993 年 5 月 4 日，南昌大学召开成立大会

5 月 4 日，潘际銮在南昌大学成立大会的讲话中指出：

百年大计，教育为本。当前，我国经济进入了飞跃发展的阶段。振兴经济，人才是关键。成立南昌大学，使之尽早进入国家教委"211 工程"，是省委、省政府为适应江西经济建设和社会发展需要作出的一项英明决策。国家教委批准成立南昌大学，为江西这块红土地注入了新的活力。高等学校的根本任务是培养人才，因此，我们的工作就是要全面贯彻党的教育方针，坚持正确的政治方向，紧紧围绕培养人才、提高人才质量这个中心而努力奋斗。

建设好南昌大学为江西经济腾飞和社会进步作出更大贡献

江泽民 一九九五年三月廿一日于南昌

江泽民同志为南昌大学题词

当时江西全省财政收入不足 50 亿元，省本级还不到 10 亿元，但江西省委省政府兑现了诺言，1993 年先到位了 3000 万元资金，其中的 1500 万元是本来准备用于给省政府办公楼安装空调的。三年间，江西省向南昌大学投资了上亿元。潘际銮发现有的院系将经费用来装修办公室、会议室，购置办公桌椅，没有真正用到教学科研上去，他便批评道："江西省举全省之力，投入 1.36 亿元建设南昌大学，如果我们没把这些钱用好，我们就对不起 4000 万江西父老。"他要求学校制定资金使用审查制度。潘际銮于 2006 年 10 月写道：

在南昌大学创建一年多的时间里，吴官正省长曾 12 次亲临南昌大学，实地解决学校建设过程中遇到的难题。

南昌大学作为一所地方大学，她的崛起，不仅得到了江西省委、省政府的关心和支持，也得到了教育部的关心和支持，得到了社会各界的关爱。国家领导人江泽民、李鹏、李岚清为南昌大学题词，原国家教委主任朱开轩和原国家教委副主任周远清、张孝文、韦珏等多次来南昌大学，指导南昌大学的建设。

办学思路、举措与成效

潘际銮院士在南昌大学成立大会上发表讲话：

本科教育是重点高等学校的主要任务，也是办好重点高等学校的基础工作。我们要尽最大的努力提高本科教育质量。南昌大学将面向 21 世纪，面向国民经济建设需要，对原有专业和系科进行大幅度改造。自 1993 年起，大部分系将以系招生。学校将实行学分制和淘汰制，引进竞争机制，形成主动学习、勤奋求知的良好风尚。大力加强基础理论教学，增强能力培养，因材施教，使学生具备较强的适应性和自己获取知识、拓展工作领域、创造性地独立工作的能力。

研究生教育使学校承担了培养更高层次人才的任务，也是学校提高学术水平、开展科学研究的重要手段。现在两校合并后的 17 个硕士点是学校的"学科代表队"。学校将认真扎实地提高"代表队"的教育质量。要在科学上做出创造性的成果，在国民经济建设中做出重要贡献，争取"代表队"能成为"登峰队"，建立博士点，站在全国乃至世界科学的前沿。

潘际銮视野开阔，高屋建瓴，行事果断，从不拖泥带水。他立场公正，一切以对学校发展有利为出发点。他和班子成员一道，根据世界科学技术、国际教育发展趋势，敢于创新，大胆改革，提出了"面向 21 世纪，以改革总揽全局，立足江西，服务江西，紧密围绕江西经济和社会发展，建设特色鲜明的南昌大学"的办学思路，同时提出并实施了办好南昌大学的综合改革举措：一是根据 21 世纪科学技术发展的趋势，国家和江西省经济发展的需要，对学科、系和专业进行大幅度的改造；二是要在本科教学中实行学分制、淘汰制和滚动竞争制；三是加强人才的引进和人才的培养工作；四是充分发挥专家教授的主导作用；五是抓好重点学科建设；六是抓好五年发展规划；七是制定南昌大学内部管理体制改革条例；八是大力发展校办企业；九是抓好校园建设；十是加强后勤队伍建设。这些举措定位清晰，思路超前，措施得力，激发了办学活力，提升了办学质量，极大地扭转了校风、教风和学风，得到了当时全校师生的支持和拥护。

潘际銮长期从事高教工作，他认为本科以上的复合型人才最适合市场经济的需要，而复合型人才的培养就要求打破原有的"文理工"相互脱节的状况。为此，他在国内省属高校中率先对系、所和学科进行了大幅度调整和改造。将原来两校的 29 个系（院）、76 个专业优化组合为 24 个系、3 个学院。调整后，产生了一批理工结合的系（院），如将原江西大学的计算机科学系与原江西工业大学的计算机工程系合并成为计算机科学工程系；在管理、财经等方面设置了文理兼容的系科和专业。所有系（院）都按照文理工渗透的思路，对培养目标、教学大纲、教学计划、教学内容和教学方法等做了重新修订和改革。作为南昌大学的校长，潘际銮主要抓教学和科研，并不直接掌管学校的财务和人事。他是位会放权的校长。

1993 年 9 月中旬，从国务院学位委员会召开的全国第五次博士硕士申报评审会上传来消息：南昌大学成为江西省第一个博士授予单位，金属塑性加工专业成为江西省第一个博士学位授予点。南昌大学扶名福教授、李凤仪教授成为江西省第一批博士生导师，此外，南昌大学硕士点由原来的 17 个增加到 26 个。

9 月 28 日中秋将至，吴官正省长致信潘际銮校长，并委托省教委主任黄定元同志携带月饼专程看望潘际銮校长和夫人李世豫。信的内容如下：

潘校长际銮同志：

欣闻南昌大学被国务院学位委员会学科评议组审核确定为博士学位授予单位，设立金属塑性加工博士点，这是你校建校伊始迈出的可喜的一大步，我感到十分高兴，谨此，对你们卓有成效的工作表示由衷的感谢，并向全校师生表示热烈的祝贺！

在江西建立博士授予点，建设一所全国重点大学，是我们多年来梦寐以求的愿望，许多同志，特别是您为此作出了极大的努力，在国家教委的领导和支持下，由于您治校有方和全校同志们的努力，南昌大学成立几个月来所取得的成绩，给人留下了深刻的印象。我相信，您和绍森同志一定会继续带领同志们大胆改革，勇于开拓，严格管理，科学运筹，加快建校步伐，为把南昌大学早日建成全国重点大学，为我省建设培养高级人才，再建功绩。省委、省政府将一如既往对您的工作给予大力支持。我也力争当好你们学校的"后勤部长"。

　　后天就是中秋，祝您全家幸福，工作愉快！

吴官正

一九九三年九月二十八日

　　1994年4月，潘际銮对照国家"211工程"，清楚地认识到南昌大学在师资队伍、办学条件、教育水平以及自我发展能力等方面与"211工程"遴选条件存在较大差距。为了缩短差距，达到"211工程"遴选条件，他提出在现有的27个系（院）的基础上组建学科群的设想。他认为组建学科群有若干优势：第一，可以集中人力，形成比较强大的学术梯队；第二，可以集中实验研究设备，形成有实力的研究基地；第三，可以集中各系的成果，突出学校已有的科研水平；第四，可以更好地进行学科交叉，形成学术上的优势；第五，可以扩大学术领域，更好地规划学科发展方向，更好地规划硕士点、博士点，也可以规划承担重大国民经济和社会发展问题的课题。他

的设想很快在领导班子中形成了统一意见。组建学科群这项工作从
1994年7月开始到1995年初基本结束。在这项堪称"大动作"中，
仅原两校南北区之间调整搬迁工作就涉及80%的系和近3000名学
生。单搬迁实验室费用及内部装修费用等就投入了300多万元。但是，
这样做是值得的，它不仅使学校综合实力得到进一步提高，也使江
西大学和江西工业大学达到了实质性的合并。因此，南昌大学的师
生员工称这项改革举措是进入"211工程"的里程碑。

1996年1月4日下午，南昌大学在大礼堂召开迎接"211工程"
预审干部动员大会。1月12日由王梓坤院士任组长的"211工程"
预审专家组成员陆续到达南昌大学，对南昌大学进行部门预审。1
月13日上午,南昌大学举行"211工程"部门预审开幕式,下午,"211
工程"预审专家组成员和参加预审工作的其他人员分组开始项目考
察工作。

1月15日上午，国务院副总理李岚清以及国家教委党组成员朱
新均等领导同志在省委书记吴官正、副省长黄懋衡、省教委主任黄
定元和南昌大学领导潘际銮、周绍森等的陪同下视察南昌大学，观
看了南昌大学"211工程"预审展览室和学校校园发展规划模型，
并进行了座谈。李岚清在听取介绍和汇报后，作了重要讲话。他说：
"听了潘校长、周书记的介绍，看了你们的录像，给我很大的启发，
原来我讲支持你们的合并，赞成你们的合并，现在要加个'更加'
支持。""我这次来最大的收获，就是看到南昌大学的改革已经取得

这些很好的效果。我们高等院校还要坚定不移地推进联合。现在联合的形式很多样，你们是最高形式。"

1月15日下午，南昌大学举行了"211工程"部门预审闭幕式。王梓坤代表专家组宣读了专家组评审意见，全体专家一致通过对南昌大学进入"211工程"的部门预审。从此，南昌大学成为全国第一所通过"211工程"部门预审的地方院校，揭开了江西省高等教育发展的新纪元。

1997年3月上旬，潘际銮因患腰椎间盘突出症，两腿瘫痪，不能行动，部分医生建议立即开刀。但为避免风险，潘际銮还是决定

南昌大学"211工程"建设立项审核会议现场

2001年，潘际銮领衔申报的项目成果《南昌大学"三制"改革的研究与实践》获国家级教学成果二等奖

保守治疗，在家绝对卧床，牵引治疗。他自己设计了牵引器，由南昌大学江南电子仪器厂制造，李世豫每天为他牵引2次。在卧床期间，潘际銮坚持用电话办公，并开始写专著《现代弧焊控制》。

1997年5月，南昌大学"211工程"项目通过了教育部专家组的项目审核，步入国家"211工程"重点建设大学行列。

育人是高等院校的根本任务，质量是高等院校的生命。潘际銮在抓学科调整的同时，着力抓教学改革，并以学风建设为切入口积极推行以学分制、滚动竞争制、淘汰制为核心的"三制"改革，并领衔申报"南昌大学'三制'改革的研究与实践"项目。2001年，该项目成果获国家级教学成果二等奖。学分制是指修满学分可以提

2001年，南昌大学"211工程"一期建设项目通过教育部整体验收（前排左四为潘际銮）

前毕业，未按时修满但努力学习的可以延长年限；滚动竞争制是指把奖学金从落后的公费生转给优秀的自费生；淘汰制是指考评不及格的学生要被开除。

"三制"实行后，效果立竿见影，学生学习紧张了起来，去图书馆抢座位的都多了。但是南昌大学这样干，显得与别的学校不一样，一些家长不高兴了，有的去教育部告状，有的去省委告状。第一学期下来，有21个人不及格，影响毕业，有学生和家长就去闹事。由于师生矛盾激化，潘际銮拨通了时任省长吴官正的电话，在电话中取得了支持："我完全支持您从严治校的方针，哪个被开除了，我给他解决工作"，"您搞改革，有人告状，省委、省政府给您顶住"。①好在当时得到了省委、省政府的支持，才化解了这一矛盾。虽然有各种各样的压力，但南昌大学的"三制"改革始终没有动摇，由于"三制"的全面实施激发了学生的学习积极性，南昌大学的学风很快有了好转，教育质量有了大幅度提高。2001 年，南昌大学"211 工程"一期建设项目在教育部整体验收工作中取得良好成绩。

2002 年，潘际銮抢抓机遇，谋划了南昌大学前湖新校区建设。10 月 21 日，南昌大学前湖新校区建设领导小组分别组织专家与师生对 6 套概念性规划设计方案进行评审和投票。10 月 28 日，南昌大学举行购地签字仪式，以每亩 3.8 万元的价格，在红谷滩购得前湖周边土地 3400 亩，为南昌大学的后续发展奠定了基础。

2002 年 12 月 17 日，江西省委组织部、省委教育工委在南昌大学逸夫馆宣布省委、省政府对南昌大学领导班子进行调整的决定：潘际銮不再担任南昌大学校长，聘任为南昌大学名誉校长。潘际銮在任的十年时间，是南昌大学发展史上具有划时代意义的 10 年。这 10 年重构了学校的办学体系，结束了江西高等教育"无院士、无博士点、无重点高校"的"三无"历史，获批了国家级重点学科、教育部重点实验室和国家大学科技园，成为学校融合发展阶段的里

① 《"不赶热闹"的清华 91 岁院士潘际銮：以不变，造巨变》，清华大学网站，www.tsinghua.edu.cn，2018 年 12 月 31 日。

2006 年，潘际銮夫妇回访南昌大学时留影

程碑。潘际銮直接推动南昌大学从一个新组建的高校成长为"211工程"重点建设大学，为之后进入省部共建高校、双一流建设高校行列奠定了良好基础。2004 年，江西省委、省政府决定，将江西医学院并入，组成新的南昌大学。经过 20 多年的持续建设，南昌大学在各个方面都取得了很大的进展，成绩斐然。目前，南昌大学是江西唯一的一所"211 工程"和"双一流工程"建设高校。

2007 年 12 月 16 日，南昌大学北京校友会举行联谊会暨潘际銮校长八十华诞祝寿会。潘际銮偕夫人李世豫出席会议。会上，潘际銮对校友会表示感谢，希望在京校友们为国家经济建设和社会发展多做贡献，也希望南昌大学越办越好。

2007 年 12 月 24 日晚，南昌大学为名誉校长潘际銮院士举行八十华诞庆典。与会校友赞扬潘际銮先生在长达半个多世纪的教学科研工作中，为杰出人才的培养、我国焊接技术的奠基与发展以及国家经济社会的发展做出了积极贡献。潘际銮担任南昌大学校长后，为南昌大学的改革发展付出了艰辛劳动并取得了丰硕成果，为学校不断改革、发展和壮大奠定了坚实基础。潘际銮严谨治学和执着于事业的精神和人格魅力，将成为南昌大学全体师生员工不断进取、努力建设高水平新型综合性大学的不竭动力。

2009 年 10 月 1 日，潘际銮受邀出席中华人民共和国成立 60 周年庆祝大典

2009 年 10 月 1 日，潘际銮作为对国家有突出贡献的科学家与教育家，受邀出席中华人民共和国成立 60 周年庆祝大典。

教育情怀与精神引领

在今天的南昌大学前湖校区的很多地方都能看到潘际銮院士的印迹。2015 年，为进一步发挥多学科综合优势，探索跨学科、跨学院联合培养拔尖创新人才的多样化培养模式，提高拔尖创新人才培养质量，南昌大学成立了以潘际銮命名的际銮书院，希望潘老坚守真知、上下求索的精神能鼓舞一代又一代南大学子砥砺前行。这是南昌大学实施教育综合改革迈出的新步伐，学校专门辟出 1 栋公寓建设际銮书院。潘际銮院士一直非常关心际銮书院的成长与发展。自书院成立以来，先后 10 多次亲临书院指导工作和参加活动，例如参加书院的揭牌仪式、书院成立一周年师生座谈会，为书院的"博雅讲坛"作主题报告，捐赠西南联大校训旗等。

2018 年 10 月 25 日下午，际銮书院 2018 级新生开班典礼在书院隆重举行。典礼上，潘际銮对进入书院的新生表示欢迎和祝贺，并对新生殷切寄语："同学们要树立正确的世界观、人生观和价值观，明确奋斗目标，要爱祖国、爱母校、爱书院，学会感恩，淡泊名利，戒骄戒躁，知行合一，踏踏实实地为国家、人民做出重大贡献，努力成为社会精英、国际名流、杰出校友、国家栋梁。"潘际銮对学

博学　审问

慎思　明辨

潘际銮 题

潘际銮在书院悉心指导学生

生们提出了三点希望：一是全面发展，以德为先。他引用司马光《资治通鉴》名句"才德全尽，谓之圣人；才德兼亡，谓之愚人；德胜才者，谓之君子；才胜德者，谓之小人"，点明德育的重要性，希望同学们加强自身修养，树立远大理想，成为德育典范。二是明确目标，勇于奉献，要树立正确的世界观、人生观、价值观，明确奋斗目标，淡泊名利、戒骄戒躁，以为国家、为人民、为科学做贡献为一生追求。三是爱国荣校，知行合一，要爱祖国、爱母校、爱书院，学会感恩，踏踏实实地为国家、人民和科学做出重大贡献，成为国家的栋梁和母校的骄傲。学校的正气广场西侧有"际銮路",主干道旁的"机电工程学院"和"材料科学与工程学院"都是潘际銮的题词。通过这些印记,依旧能看到潘老为这里带来的改变。潘老用自己的脚步和节奏,带领着我们,紧跟时代一起进步。虽然他与夫人晚年常住北京,但每逢南昌大学有大事喜事,他们都会受邀回校与师生们欢聚。

2015年12月7日,南昌大学潘际銮教育基金会正式在江西省民政厅注册登记,首位出资人是校友杨海亚。基金会业务范围主要包括:与国内外各界联系和合作;资助南昌大学的学科发展项目、学生资助项目、教师发展项目、校园建设项目;特定的项目捐赠,

2016年12月,潘际銮夫妇出席潘际銮教育基金会成立仪式

可以按照捐赠者的愿望和意见定向使用；对基金进行合法运作，做好基金的有效管理，确保基金的保值增值；支持与学校教育事业及其他社会公益事业相关的项目。基金会将致力于加强南昌大学与国内外各界的联系和合作，促进南昌大学教学、科研和各项事业的发展。2016 年 12 月，潘际銮夫妇出席了潘际銮教育基金会成立仪式。

2021 年 5 月 2 日上午，南昌大学办学 100 周年发展大会在前湖校区体育场召开。关心学校发展的各界人士、海内外校友和师生员工相聚线上线下，共襄盛举、共叙情谊、共谋发展，共同见证百年南昌大学的重要历史时刻。南昌大学名誉校长、中国科学院院士潘际銮教授及夫人李世瑊受邀出席发展大会。潘老校长虽已 94 岁高龄，但精神矍铄，步履轻盈，思维敏捷，与四海归来的校友畅叙学校的发展历程。一百年来，南昌大学为社会培养了 50 多万优秀人才。广大校友决心共同推进中华民族伟大复兴，为经济和社会发展做出更多贡献，做出属于南昌大学这个大家庭的更大贡献。

南昌大学办学 100 周年庆典期间，潘老与际銮书院学子开展了一次座谈。他结合自身工作及学术研究的经历为同学们答疑解惑，希望同学们树立正确人生观、为国家服务，知难而进、敢于攀登，团结友好、共同奋斗，只求贡献、淡泊名利，努力成为社会精英、国际名流、杰出校友、国家栋梁。他认为书院的育人理念、人才培养模式与西南联大"因材施教、兼容并蓄"的培养模式非常契合，并向书院捐赠了西南联大校训旗"刚毅坚卓"，希望书院能够传承

2021年，潘际銮向际銮书院捐赠西南联大校训旗

并发扬联大"钢筋铁骨"般的人格风骨与精神风貌。

关于大学教育，潘际銮曾于2008年9月发表文章论述过：

> 如果中小学是培养幼苗，那么大学则是培育树木成材，青年人是否能成为人才，关键在大学阶段。因此如何办好大学，学生应如何上大学，是一个很重要的问题。

高等教育的主要任务是打好基础、培养能力

所谓基础，是指那些归纳总结自然界和人类社会最基本规律和理论的课程，一般来说，它们是可以用之于四海而皆准的

法则，是在相当长的时期内不至于变化的科学内容。学习它们不仅可以掌握最基本的客观规律，而且可以学到逻辑思维和分析问题的方法。对理工科来说，数理化就是这样一个重要方面。只有学习了这些最基础的东西，学生今后才可能在这个基础上前进，创造新理论和技术，没有这些基础，创造就会陷于盲目。过去和现在都曾有许多青年刻苦学习，认真钻研，企图创造新的理论或技术，但是往往陷入错误的歧途，提出永动机的设想就是一个例子。

能力包括四个方面，即自学能力、实践能力、独立工作能力和创新能力，在这四个能力中又以自学能力为最重要。在大学中掌握了自学能力就能够终身不断前进，否则，大学阶段过后就会停滞不前。关于自学能力，教育家有许多生动的比喻。蒋南翔校长以"干粮与猎枪"比喻知识和自学能力，另外一些专家则以"黄金"和"点金术"比喻知识和能力。总之有了自学能力就犹如有了支猎枪，学会了点金术，终生有用，不断进步。

要培养自学能力，关键在课堂教学。课堂教学除了介绍最基本的理论外，最主要的就是引导学生自学，因此，教师要高屋建瓴，介绍学科的范畴和发展情况，让学生自己去学习书本知识。学生则不应局限于课堂讲授内容，而要依靠书本，掌握充实课程的全部内容，做到了解全貌，融会贯通。考试不能只考讲授的内容，而应检测学生对本门课程所掌握的情况。俗话说，"师傅领进门，修行靠个人"，这是非常好的比喻，所以学生要以图书馆为家，以书本为师。

打好基础和培养能力，各国教育侧重点不同。目前，我国的教育十分重视打好基础，但对能力培养不足，应该保留自己的长处而克服自己的短处。总之，既要打好基础，又要培养能力，这是大学教育最重要的任务。

大学要给学生充分的自由治学空间

人的智商不一样，兴趣、爱好和特长也不一样，这是人的体质和大脑结构决定的。大学教育的目的应该是把各类人都培养成才，挖掘他们的聪明才智，调动他们的主动性和积极性，否则就会埋没人才，毁坏人才。怎么才能做到这一点呢？就是要给大学生充分的自由治学空间。使他们在大学里能够自由治学，按照自己的能力、特长，向自己理想的目标前进，犹如在大海中游泳，姿势不拘，快慢不同，但均能达到彼岸。

实现这个想法的具体措施就是实行学分制。目前我国各校实行的不是真正的学分制。实行学分制必须实行弹性学制，学习年限要给予很大的弹性，四年正规学习年限可以延长至五年或六年，甚至更长。但是学习质量必须保证，必须严格把关。按学分制的原则，学校根据学习的客观规律和学科的科学分类，制定基本的指导性规定。让学生按照这些规定充分自由地选择学习课程和时间，要使得学生有可能自主地制订自己的学习计划，安排学习年限。天资很好的学生可按四年安排毕业年限，天资较差的学生可按五年、六年安排毕业年限。选修课程也要给很大的弹性，允许学生跨系、跨院选修所爱好的课程。某方面有特长的学生可以多选某方面的课程，而少选其不感兴趣的课程。这样就有可能把某些有特殊才能的学生很快培养成具有世界水平的人才。历史上国内外许多著名大师、科学家、发明家都是在某一方面自幼钻研而成，他们兴趣集中，精力集中，从而进入很高的境界。我们既需要全面发展、博学多能的人才，又需要专门特殊的人才，这就要通过学分制和弹性选课制度来实现这个目标，这也符合人才天资不同、素质不同而因材施教的规律。

德育是学校工作的灵魂

所谓"人才"有两个含义，一是"为人"，二是"才能"，只有"才能"而不会"为人"是无用之才，只会"为人"而无"才能"也起不了重要作用。大学阶段是青年成长时期，在掌握知识能力的同时，必须学会为人。大学教育的灵魂就是要对青年在大学阶段进行德育，使他们学会为人。

德育，包括四个方面，即道德、理想、思想素质和情操。青年人应该具有高尚的道德、崇高的理想，要树立正确的世界观、人生观、价值观，坚定正确的政治方向。要有奉献精神和集体主义精神。人生的目的，首先是要对社会、对人类、对自然做贡献，无论在大学学习还是将来步入社会，都要以贡献为目的，要淡泊个人名利，只有正确的目的，才能使自己在一切困难中坚持方向，克服困难而不动摇。在当今人类社会突飞猛进的时代，任何贡献、成果都脱离不开集体的努力。因此，要树立集体主义精神，才能有所作为，许多有才能的人，不能与人合作共事，以致一事无成。思想素质和情操，在某种意义上来说，比才能更为重要。具有良好的素质和高尚情操的人，才能在人生道路上克服一切困难，稳步前进。情商比智商更为重要，很多具有优异智商、情商低下的人在人生道路上失败而跌倒，但是具有良好情商的人，虽然智商不很高，往往获得很大的成功。

"为人"的一个重要方面是修身、处世、接物、待人。这一方面，中华民族具有优良的传统文化，应该取其精华，作为德育的重要内容。《论语》中包含很多修身、处世、接物、待人的哲理。宋代教育家朱熹，从培养封建统治人才出发，制定《白鹿洞书院学规》，提出了"父子有亲，君臣有义，夫妇有别，长幼有序，朋友有信"的教育目标，要求学生按"博学之，审问之，慎思之，明辨之，笃行之"的"为学之序"去"穷理"，去"笃行"，指明了"言忠信，行笃敬，惩忿窒欲，迁善改过"的"修身之要"和"正其谊，不谋其利，明其道，不计其功"的"处事之要"，以及"己所不欲，勿施于人，行有不得，反求诸己"的"接物之要"。清康熙时的汤来贺主事白鹿洞书院，又定"七心"治学为人方法："专心立品，潜心读书，澄心烛理，虚心求益，实心任事，平心论人，公心共学。"纵观这些学规，无一不把德育放在首位，都十分重视学生的品德修养。

潘际銮给学生的赠言

潘际銮说自己这一辈子做了两件比较有成就感的事，一件事就是在中国建立起了焊接专业，另一件事是把南昌大学建立起来。从西南联大走出来的潘际銮，携带爱国进步的基因，秉承刚毅坚卓的校训，勤奋踏实、为人师表，依靠科学和教育，建设与改变着社会，影响着中国，走得很稳，也走得坚决。潘际銮指出："我提倡两句话：'谦逊治学，宁静致远。'安安心心地研究学问，才能走得很远。没有这两点，中国小成果可以出，很难出大人才。"[①]

他寄语高校焊接学子："焊接是一门新兴的先进技术，是衡量

---

① 蒋铮等：《潘际銮：老院士黑白分明的焊接人生》，《羊城晚报》，2016年1月31日。

一个国家工业发展的标志，焊接能节省原材料，坚固美观，简化工序，并能改善劳动条件。世界上约有一半的钢材需要焊接才能成为可用的产品，一辆轿车约有 7000 个焊点，一架飞机约有 25 万个焊点和 250 米焊缝，一个焊接的锅炉要比铆接的锅炉节省 25% 的金属。想一想，焊接是多么重要而有意义的工作啊！"

他对社会责任与人生道路抒怀："一个人活着，一定要对人民做点有意义的事。我希望自己的知识能够为国家做出贡献，越是难的课题越要做，这是一种乐趣。真正去研究难题，真正在科学上、工程上做贡献，实实在在地做出有用的东西，才是有意义的。我不求名利，给我的奖励不是我追求的目标，只是我努力的结果。"

2006 年 6 月 3 日上午，由江西省教育厅、江西省人民政府学位委员会主办，南昌大学承办的"江西省首届研究生学术论坛"在南昌大学青山湖校区逸夫馆隆重开幕。论坛的主题为"勇于探索创新江西"。潘际銮院士为本次论坛作了"研究生培养要着眼于创造"学术报告。他认为研究生要做出真正有价值的论文，做到有创造性，关键是选题。"师傅领进门，修行靠个人，但师傅必须同行"，导师必须为学生打开科学殿堂的大门，否则就不是一个合格的导师。潘际銮根据自己的教学、科研经验，认为学生选题有五个方向：第一是掌握学科前沿；第二是重视重大的国民经济问题，工科导师尤其要重视这一点；第三是中国或世界上还不能解决的难题；第四是学科交叉，学科交叉是创新的一个非常重要的方向；第五是新技术的引入。

第六章

回报家乡与造福桑梓

潘际銮不忘回报家乡、造福桑梓，为九江市经济与社会发展尽心尽力做出自己的贡献。他自2007年担任九江学院学术委员会主任以来，指导这所地方本科大学的人才培养、科学研究、服务社会、文化传承创新；他多次回九江及瑞昌的中小学，鼓励广大学子珍惜学习机会为祖国做出更大的贡献；他领衔在位于瑞昌的江西江州联合造船有限责任公司创立院士工作站，试用与推广爬行焊接机器人。潘老驾鹤西去，家乡人民与学校师生无比悲痛，深切缅怀。

受聘为九江学院学术委员会主任

2007年12月，九江学院聘请潘际銮担任家乡大

潘际銮受聘为九江学院学术委员会主任

学的学术委员会主任，潘老欣然同意，表示要为家乡的唯一本科院校九江学院的发展贡献力量。九江学院几任主要领导都先后赴京拜会了潘际銮，向他汇报学校的改革与发展，特别是加强本科教育、培养高素质人才与学科建设方面的工作，得到他的关切与指导。

潘际銮多次强调：在大众化高等教育的背景下，既要注重学生德智体美劳的全面发展，也要注重学生的差异化培养和少部分拔尖创新人才的培养；学校要注重基础研究，要进一步凝练学科方向，加强领军人才的引进和培养，组建科研团队；要避免急功近利的思想，引导教师潜心做学问，争取出有影响力的成果。

2011年10月，九江学院学术委员会主任潘际銮回校工作。学校为他组织了雕像剪彩活动，既为感谢他为国家发展、民族教育、

潘际銮与九江学院学子在他的雕塑前合影

家乡事业所做出的杰出贡献，也为激励广大师生以潘院士为榜样，刻苦学习，不断攀登人生的高峰。潘际銮为 600 余名教师及学生，作了题为《激光焊接技术》的报告。他精神矍铄、思路敏捷、幽默诙谐，首先表达了对家乡浓浓的眷恋之情，并回顾了自己少年背井离乡、艰苦求学之路。报告主要分 4 个方面：激光及激光器原理的介绍、大功率激光器发展的现状、激光焊接的优点和不足、激光 +MAG 焊复合热源焊接等。潘际銮图文并茂、生动有趣地展示了激光焊接技术的发展及其在船舶、核电和海底石油运输管线等领域的应用情况，还介绍了国外激光焊接设备设计制造水平和能力及我们的差距，勉励在座的同学们努力学习，将来为我国焊接事业做贡献。

潘际銮多次向九江学院图书馆赠送他的著作，包括《现代弧焊控制》《Arc Welding Control》《一所地方大学的崛起——潘际銮教育文集》《一个院士的足迹》《中国科学院院士传记——潘际銮传》等。2013 年 8 月，兼任西南联大北京校友会会长的潘际銮，向九江学院赠送《西南联大建校 75 周年纪念大会专辑》，并殷切寄语："西南联大自 1937 年于抗日烽火中建校，虽然存在的时间只有短短 8 年多，但它的声誉和影响、它的办学理念和成就，亦即我们常说的学术重镇、人才摇篮和民主堡垒的业绩，始终为国内外所称道。"他希望九江学院师生弘扬西南联大爱国报国的光荣传统、艰苦奋斗的创业精神、精诚团结的优良作风，把九江学院建设成为具有鲜明特色的高水平地方综合性大学。

潘际銮向九江学院图书馆捐赠的部分书籍

2014 年，潘际銮在九江学院主持学术委员会会议　2014 年 6 月，潘际銮在九江学院作学术报告《能源工业与装备制造业》

　　2014 年 6 月 5 日下午，校学术委员会主任潘际銮在九江学院主持学术委员会会议。会上，他结合自己投身教育事业和从事高校管理工作的丰富经历，诠释了高等教育不同阶段人才培养的鲜明特点。本科阶段要注重培养学生三个方面的能力和素质：一是打好理论基础，掌握专业知识，着重培养学生的自学能力；二是重视实践环节，强化工程训练，着重培养学生的动手能力；三是坚持以德为先，着重提高学生的个人修养。硕士阶段和博士阶段分别侧重独立工作能力和创造创新能力培养。潘际銮还阐述了高等教育的治学方略和办学思路。他强调高校要实行真正的学分制，严格教育过程，要坚持人才培养多样化，促使学生依据自身特点发展，成人成才。

　　紧接着，在 6 月 6 日九江学院组织的"沿江产业协同发展论坛"

2014 年 10 月，潘际銮（前排左六）在白鹿洞书院与参加颁奖仪式的代表合影

上，潘际銮作了题为《能源工业与装备制造业》的学术报告。他充分肯定了九江学院的改革与发展战略，鼓励一部分学科继续攀登学术研究高峰，而大部分学科应更多注重高素质应用型人才的培养。

10月28日，季羡林基金会致函九江学院：经过专家多次考察论证，决定秉持振兴中国国学的宗旨，对九江学院学术团队在国学之研究领域的突出成果"儒学经典的公理化诠释"，授予"儒学传承与创新奖"。11月22日，季羡林基金会于白鹿洞书院举办颁奖仪式，时任理事长潘际銮致辞时感慨指出："今天我们有幸来到被称为天下四大书院之首的江西九江白鹿洞书院，我顿有肃穆敬畏和亲切自豪之感，肃穆敬畏是因为这里是中国享有盛誉的文化摇篮，亲切自豪是因为这里是我的家乡故里，汲取了家乡浓郁的文化素养，使我受用一生，倍感庆幸，80余岁之躯今天能为家乡做一件很有意义的事，的确让我百感交集，兴奋不已！"他鼓励对国学研究矢志不渝的同志们，继续努力，争取取得更大的成果。

2021年10月，本书作者之一甘筱青联系中华优秀传统文化、以爱国主义为底色的科学家精神与高校文化传承创新使命，向九江学院提议以特聘名誉教授袁隆平院士、校学术委员会主任潘际銮院士与名誉校长杨叔子院士的事迹为题材撰写一书，得到了学校领导与各位同仁的赞同，并在几经讨论后，将书名确定为《跃上葱茏——九江学院特聘院士风范》。听笔者汇报完该书的写作计划后，

2022 年 3 月，潘际銮给作者发来的近照

潘际銮夫妇很高兴地予以了鼓励，并提供了许多宝贵的资料与照片。2022 年 3 月，潘际銮还给笔者发来了一张他与夫人的近照，但是没有想到这是他们的最后一张合影。

回报家乡的赤子之情

潘际銮是九江市滨兴小学杰出校友。在 2008 年滨兴小学百年校庆时，他出席庆典，并题词"注重素质教育，培养学习兴趣"。2019 年 5 月 18 日，滨兴小学建校 111 年之际，启动院士文化节，潘际銮亲自担任院士文化节总顾问，并题词"传承院士文化，百年

潘际銮与滨兴小学师生合影

翘秀滨兴"，为"今朝小院士，明日真院士"颁发证书，为际銮书院揭牌，向母校赠书。[①]

潘际銮与校友们亲切合影，并深情回顾了在母校学习的经历，回忆了毕业后，在小杂货店当学徒，边站柜台边学习，最终考上西南联大的情形。他勉励学友们珍惜学习机会，为祖国做出更大的贡献！

江西江州联合造船有限责任公司，是原江西江州造船厂进行优化重组后组建的股份制现代造船企业，地处长江中游的江西省瑞昌市码头镇境内。近些年来，公司改变生产管理模式，大力推行技术进步，自主创新，形成了多项核心技术，有效促进了公司产品技术含量及附加值的提升。2014 年 11 月 23 日，江西江州联合造船有限责任公司院士工作站授牌仪式在瑞昌举行，潘际銮院士正式入驻。院士工作站的建立，为公司带来新的发展机遇。借助院士专家团队的科研优势，公司提高了科技成果转化效率，提升了企业核心竞争力和知名度，推动了企业发展升级。

潘际銮在授牌仪式现场发表了热情洋溢的致辞。他说，瑞昌是我的家乡，我在外求学、工作多年，一直关注着家乡的发展和变化。希望通过院士工作站，以自己毕生所学为企业增加科技竞争力，为家乡的建设添砖加瓦。不久后，潘际銮学术团队在公司试用焊接机

① 代仁良：《沉痛悼念九江经开区滨兴小学杰出校友潘际銮院士》，《九江微来往》，2022 年 4 月 20 日。

潘际銮在江西江州联合造船公司试用的焊接机器人

器人，取得了良好成效。在大型船舶制造方面，爬行焊接机器人得到了广泛应用。

家乡人民的深切缅怀

2022年4月19日下午，清华大学发布公告：中国共产党优秀党员、中国科学院院士、国际著名焊接工程教育家和焊接工程专家、清华大学机械工程系教授潘际銮同志，因病医治无效，于2022年4月19日在北京逝世，享年95岁。噩耗传来，九江学院师生深感悲痛，深切缅怀潘际銮院士。潘院士一直关心支持学校的人才培养、科学研究、服务社会与文化传承创新，为九江学院的发展做出了积极贡献。斯人已逝，风范长存！潘际銮院士以其严谨的科学态度、丰硕的科研成果、深厚的家国情怀深受九江学院全体师生的尊敬和爱戴。4 月 26 日，笔者在《九江日报》发表了悼念潘际銮院士的文章。

九江学院庐山文化研究中心原常务副主任李宁宁教授，为悼念潘际銮院士而撰文《潘院士的故乡情怀》。文章写道：

在我的心目中，潘院士不仅是著名的科学家，也是一位有深切故乡情怀的儒者。通常，科学家在人们的眼里是严谨和理性的楷模。但当我第一次见到潘院士时，他身上的儒者风范，给我留下了极为深刻的印象。那是应工作需要，与学校领导去清华大学拜访他。当时，我的心里是有些惶恐和紧张的，但没承想，那一次的拜访，改变了我对大牌科学家的刻板认知。眼

潘际銮夫妇访问九江学院庐山文化研究中心

前这位国际著名的焊接工程专家，没有一点高深莫测的样子，也没有居高临下的指示和教导的言语，即便我这个随行者，也有如沐春风的感觉。尤其是，潘院士谈起早年在家乡的经历，那种对历史掌故和人生传奇的感性叙述，不仅风趣真切，而且寓情于景，就像是一个熟悉故乡历史文化的学者，在与故乡的人分享他内心的所感与所悟。而这一番叙述所以感人的地方，是叙事背后，浓浓的乡情。

第一次聆听潘院士的报告，是潘院士的《谈大学本科教育》。报告之前，潘院士畅谈了他对家乡的怀念之情。我没有想到，他选择李白的两首咏庐山诗《登庐山五老峰》和《庐山遥寄卢侍御虚舟》作为开篇，而不是更为人知的《望庐山瀑布》，这不仅反映出他对九江历史文化和对李白的熟知，也体现出作为一个教育者，更关注学生人格精神的塑造，和李白在《登庐山五老峰》和《庐山遥寄卢侍御虚舟》中表现出的格局和境界，既更为切题，也反映出潘院士独到的眼光和文化修养。

潘院士不仅关心和支持家乡的教育事业，也以一个科学家的眼光和胸怀，支持和鼓励中华优秀传统文化的传承与创新，鼓励和支持九江学院学术团队在国学研究领域的积极探索，出席在白鹿洞书院举办的颁奖仪式，等等。一个著名的科学家，之所以极力推动儒学的传承与创新，正是源于科学家内心的家国情怀和有故乡情结的儒者情怀。

4 月 20 日，瑞昌市第一中学、第二中学、第六小学以及滨兴小学等学校自发组织各种悼念仪式，追思缅怀潘际銮院士，表达家乡人民的沉痛哀悼。

当天上午，瑞昌市第一中学组织高一年级学生通过"致潘际銮院士的一封信"的形式，表达了对他的无限崇敬和追思。"潘爷爷是我们瑞昌人，他心系祖国，造福桑梓，为我们学校题写了'厚德自强'的校训。我们将牢记潘爷爷的殷切嘱托，发奋图强，为祖国繁荣发展贡献自己的聪明才智。"该校学生余翎冰饱含深情地说。

走进瑞昌市第二中学课堂，学生们正声情并茂地朗读《告全国民众书》，这也是潘际銮做客《朗读者》节目时朗读的文章。1995

1994 年，南昌大学潘际銮校长与周绍森书记亲切交谈

年 5 月，时任南昌大学校长的潘际銮院士为瑞昌市第二中学题写校名，提起当时的场景，该校原党支部书记王定主记忆犹新。当年，他们来到南昌大学拜访潘际銮院士，他很热情地接待家乡来的客人。"我们当时被潘老那种地道的家乡话感动了。他为学校题词时特意写了两份，足以看出他对治学、对工作都非常严谨。"

瑞昌市第六小学近百名师生代表肃立在学校电子屏幕下，认真聆听潘际銮院士的生平简介，并逐一敬献鲜花。师生们纷纷表示："我是六小人，立志弘扬潘际銮院士认真钻研的精神，勤奋学习，强健身体，掌握更多的知识本领，为实现中华民族伟大复兴的中国梦而努力奋斗。"

2022 年 4 月 20 日，瑞昌市第六小学师生缅怀潘际銮院士

滨兴小学深切缅怀潘际銮院士，将牢记院士嘱托："注重素质教育，培养学习兴趣"，紧紧围绕素质教育，开展院士文化建设活动，传承院士文化，弘扬院士精神，丰富校园文化内涵，让学生从小在心中种下科学的种子。

同日，南昌大学在校园网发长文沉痛悼念并深切缅怀名誉校长潘际銮院士。"漫步在南昌大学前湖校区的校园中，我们一定会见到'潘际銮'这个名字，也许是 1 栋学生公寓南侧的'际銮书院'，也许是正气广场西侧的'际銮路'……它们都源于南昌大学名誉校长潘际銮院士。"他孜孜以求的科学精神、大公无私的家国情怀与行为世范的高尚品格，都深深地镌刻在了南昌大学师生、校友和社会各界人士心中。云山苍苍，赣水泱泱，先生之风，山高水长！此后几天的追思会上，师生代表敬献鲜花表达哀思，并通过观看纪念短片共同追思潘老校长。

4 月 23 日，南昌大学原党委书记周绍森教授在学校网站发表悼文《潘际銮校长永远活在我们心中》，全文如下：

> 惊闻潘老 4 月 19 日逝世的噩耗，心中万分悲痛，难以成寐，从此我失去了一位尊敬的师长，亲密的战友，挚爱的亲人。回想起与潘老朝夕相处共事 10 年，心潮起伏，往事历历，如同昨日……

勇挑重担 报效乡梓

记得1992年底，在江西省委全委扩大会的分组讨论会上，我发言说："现在省委、省政府决定将江西大学与江西工业大学合并组建一所重点大学，第一件大事就是要选好校长。建议从全国选聘一位大师来担任校长。"这得到了大家的赞同。1993年3月在全国两会期间，吴官正两次前往母校清华大学，请清华大学给江西推荐一位大学校长，并从京打电话给我，让我赶去北京。我立即与省教委（省教育厅）尹富庆、赖润身处长一起匆匆赶赴北京。到京后受吴官正省长指示，陪同与在京开会的黄懋衡副省长前往清华。不谋而合的是，清华大学党委推荐名单和我省拟定的名单第一人都是清华大学学术委员会主任、江西籍学部委员（院士）潘际銮教授。接着，黄懋衡副省长带领我们两次前往清华园潘老家中拜访，见到潘老时他精神矍铄，思维敏捷，讲话清晰有力，深具学者大家风范，不由肃然起敬。他的夫人李世豫教授也非常热情可亲。黄懋衡副省长表达了为改变江西无重点高校、无学部委员、无博士点的高等教育"三无"落后形势，省委、省政府拟将江西大学与江西工业大学合并，组建一所重点大学的迫切希望，与省委、省政府领导诚请潘老出任校长的热切意愿。潘老当即说："我虽然早已年过花甲，在清华教学、科研工作和生活条件都很好，但我是江西人，家乡人民养育了我，省委、省政府领导信任我，希望我为家乡做点事，这既是我应尽的义务，更是我的光荣！"同时，他还表示要先到江西大学和江西工业大学去实地看一看，才能做出决定。之后，潘老参加了在江西省驻京办事处举行的在京江西籍知名专家学者"振兴江西高等教育座谈会"，会后，毛致用书记、吴官正省长诚恳邀请潘老回家乡主持重点大学建设。潘老再次表达感谢省委、省政府领导的信任和为家乡尽力的意愿，并恳切地说："我要么不干，要干就踏踏实实地干，而且要干好！"

　4月1日，在江西省驻京办事处负责人的陪同下，潘老和夫人奔赴南昌。当晚，毛致用、吴官正热情接待了潘老夫妇。第二天，我陪同潘老对江西大学和江西工业大学进行考察，潘老表示满意。

4月14日，省委、省政府举办隆重热烈的"聘任潘际銮教授为南昌大学校长授聘仪式"，省委全体常委和省政府领导出席，毛致用书记致辞，吴官正省长给潘老授聘书。省委常委、组织部部长卢秀珍宣读了南昌大学领导班子的任命。5月4日，盛大的南昌大学开学典礼上，毛致用书记、吴官正省长、教育部周远清副部长和潘老共同为南昌大学揭牌，全校师生欢欣鼓舞，校园一片热腾。从此，66岁的潘老开始了他为南昌大学呕心沥血、艰辛创业的历程。李世豫教授也为之日夜操劳，付出了大量心血。

科学定位　两校融合

南昌大学的成立在全省、全国乃至海外都引起了极大反响，潘老和学校党政班子都深感担子很重，压力很大。如何不负重托，抓住时机，使学校能在一个高的起点上开创新局面？潘老总揽全局，审时度势，和我反复商量，并主持党政联席会认真讨论，在全校教职工大会上明确提出"深化改革，加快发展，上质量、上水平、上重点，服务江西经济建设，面向21世纪培养人才，力争早日进入'211工程'，努力办成全国重点大学"的建设目标和"文理工渗透，学研产结合"的办学模式。

学校办学方向、目标、定位明确后，在潘老的总指挥下，学校领导班子精心谋划，中层干部认真讨论，全校师生总动员，对原两校的院系、学科、专业进行大幅度的合并、调整，并新增和改建了一批适合现代科学技术发展和江西经济建设急需的学科专业。将原两校25个系（院）、76个专业优化组合为29个系（院），其中新建了13个。随后进一步推动学科专业交叉融合，将29个系（院）组建为九大学科群。在这个学科大调整中，南北两校区调整搬迁工作涉及80%的系（部、所）和近3000名学生。这一举措使江大江工真正融为一体，你中有我，我中有你，真正实现了教育资源优化配置和组合，产生了"1+1"远大于2的效应，为南昌大学上质量、上水平、上效益，进入"211工程"打下了雄厚的基础，彰显出潘老作为科学家、教育家的智慧。

改革创新　进入"211工程"

进入"211工程"，办成全国重点大学，既是全省人民的热切期望，也是两校合并、加大投入的首要目标。潘老为此日夜操劳，付出了大量的心血。潘老以他当年"西南联大"求学和长期在清华大学工作的经验体会，提出要使南昌大学"三上一进"，关键是"一手抓改革，一手抓建设"。潘老和党政班子集体研究制定了"大力抓好'四大改革'（以校院系三级管理为重点的管理体制改革；以学分制、淘汰制、滚动竞争制为重点的教学制度改革；人事和分配制度改革；学研产相结合的办学模式改革），加快进行'六大建设'（本科教学建设、重点学科建设、师资队伍建设、科研开发基地和校办科技产业建设、学校基础建设、教风学风和干部作风建设），早日进入'211工程'"的战略规划。

潘老宝刀不老，精力充沛，真抓实干，始终站在改革建设的最前沿。在潘老的带领下，全校干部师生奋力拼搏，积极性和创造性大为高涨，师资队伍实力猛增，纷纷申报重大项目进行"大兵团"作战，教风学风考风明显改观。

1993年12月，经国务院学位委员会批准，南昌大学成为江西省第一个博士授予单位，"金属塑料加工"成为江西省第一个博士学位授予点，从此摘掉了江西省"无博士点"的帽子。

1996 年 1 月 13 日至 15 日，国家三部委"211 工程"预审组专家组对南昌大学"211 工程"进行预审，听取了潘校长的汇报，并进行了实地考察，最后一致通过对南昌大学进入"211 工程"的部门预审。南昌大学成为全国第一所通过"211 工程"预审的地方院校。

1997 年 5 月 18 日至 19 日，国家三部委专家组对南昌大学进行"211 工程"建设立项审核。11 月，国家计委正式下文批复同意南昌大学成为"211 工程"重点建设大学。

进入"211 工程"后，潘老仍马不停蹄，继续带领大家进行"211"第一期工程十大项目的建设。2001 年 6 月 18 日至 19 日，受国家计委和"211 工程"办公室的委托，江西省政府对南昌大学"211 工程"第一期建设项目验收通过。

进入 21 世纪以来，潘老高瞻远瞩，抓住时机，为南昌大学新校区建设进行精心规划。为选址，潘老不辞劳苦和我们跑遍了南昌市周边的山山水水。为征地，我俩与南昌市委吴新雄书记商谈了五次。潘老亲自提出校园设计的原则，审核设计方案，并检查和推进新校区"三通一平"的实施，为新校区建设和南昌大学"211 工程"第二期建设描绘出宏伟蓝图。

大师仙逝，精神永存！江西人民永远不会忘怀潘老带领南昌大学进入"211 工程"重点建设大学的丰功伟绩，南昌大学师生员工更不会忘记潘老带领大家奋战的日日夜夜。他那可亲、可敬、可信的光辉形象，他那立志报国、艰辛奋斗、精益求精、谦和大度的大家风范和崇高人格永远铭刻在我们心中！

遵照潘际銮院士遗愿及家属意愿，丧事从简。潘际銮院士遗体告别仪式于 2022 年 4 月 25 日上午 9:00 在清华大学校医院告别室举办。告别大厅写着一副挽联：厚德大师桃李满园传百代，自强泰斗焊接成就誉全球。九江市委、市政府和瑞昌市委、市政府，南昌大学、

2022 年 4 月 25 日，潘际銮院士遗体告别仪式在清华大学举行

九江学院、清华大学及师生，潘院士的亲朋好友、各界人士都送上花圈、寄托哀思。

潘际銮院士对家乡瑞昌有着深厚的感情。按照潘际銮院士的遗愿，他的骨灰被安放于瑞昌潘家祖坟山，与他的父母亲等先人长眠在一起。2022年6月9日，李世豫教授携女儿潘燊、长孙潘晨炜与南昌大学驻京办胡忠萍主任、南昌大学设计院同仁一行来瑞昌，为潘院士的墓地选址、设计，做好安放骨灰的准备。

潘院士曾回忆他的人生历程时说："国家需要，坚决上马；知难而进，敢于攀登；只求奉献，淡泊名利；团结友好，共同奋斗。"这是潘老人生的写照，也是潘老的科学家精神所在。为弘扬潘老的科学家精神，教育瑞昌人民，瑞昌市投资建设了潘际銮科技教育基地暨瑞昌市科技馆项目，该项目主要以实物、图文、科技的形式展示潘老的科技成果，讲述他的生动故事。这个建筑项目的北面不远处，便是潘际銮院士回归故土的潘家祖坟山。

2023年4月21日，潘院士魂归故里。南昌大学原副校长、九江学院原校长甘筱青，受潘际銮院士夫人李世豫教授及其亲属嘱托，主持了潘院士骨灰安放仪式。参加仪式的人员有潘院士的亲属与乡亲，有瑞昌市委副书记、市长魏堂华，市委副书记杨帆、市人大二级巡视员郭少雄、市政府副市长高阔和凌明星，还有潘院士的诸多好友、后辈弟子，如中国工程院院士王景全和夫人，南昌大学原党委书记周绍森和夫人，清华大学副校长李路明、机械工程系党委书

2023 年 5 月新落成的"潘际銮科技教育基地暨瑞昌市科技馆"

记熊卓，南昌大学党委书记罗嗣海、纪委书记万继锋、副校长吴丹，南昌大学党委组织部部长徐光兵、宣传部部长饶勇、统战部部长滕勇前，九江学院党委书记赵伟、校长陈小林，泰豪集团副董事长李华，中石化炼化工程公司总经理蒋德军，中石化塞洛佩克公司党委书记王永科，中石化科技发展部处长龚宏，天一焊接集团荣誉董事长黄立新，珠海市焊接协会常务副会长方裕存，北京博清科技公司冯消冰总经理，北京瑞昌商会代表以及清华大学、南昌大学、九江学院的部分师生。

　　仪式上，潘际銮长孙潘晨炜代表全体家属，向来参加安葬仪式的领导、嘉宾和长辈们表示诚挚的谢意！

潘际銮科技教育基地内设的潘际銮院士展厅

愿爷爷在天之灵继续为国家的科技事业、为国家的教育事业佑启后人，您的"国家需要，坚决上马；知难而进，敢于攀登；团结友好，共同奋斗；只求贡献，淡泊名利"的精神和情怀，我们会永远铭记在心。

爷爷，请您安息，我们会永远怀念您。

仪式后，人们参观了刚落成的潘际銮科技教育基地。潘际銮院士严谨的科学态度、丰硕的科研成果、深厚的家国情怀永远受到人们的尊敬和爱戴。

后　记

　　1977 年，国家恢复高考，我当年从农场考入江西工学院（后改名为江西工业大学）。1982 年初毕业后留校任教并赴清华大学进修。1999 年受学校推荐、经国家教委考核批准，于 1991 年作为公派访问学者赴法国进修数学，后转为法国普瓦提埃大学与清华大学合作培养的博士研究生。1994 年 2 月，我从法国回清华大学接受博士论文的中期考核，并到母校南昌大学（江西省委、省政府于 1993 年 5 月，将原江西大学与江西工业大学合并组建南昌大学）汇报学业进展。时任南昌大学校长潘际銮与党委书记周绍森与我多次交谈，希望我尽快完成博士学业回南昌大学加入"211 工程"建设，我为此而高兴。经向法国普瓦提埃大学与清华大学申请获批，我抓紧在清华大学完成博士论文答辩，获得了理学博士学位，于 1995 年初回到南昌大学工作。在上级组织与学校党政领导的培养及师生们的信任下，我于 1998 年 10 月担任南昌大学副校长，在其后四年多的时间近距离地协助潘际銮院士开展工作，深切感受了他的渊博知识和科技报国、立德树人、淡泊名利等高尚风范。

　　我于 2007 年 3 月调任九江学院工作后，向学校领导班子提议聘请潘际銮院士担任家乡大学九江学院的学术委员会主任，获得大家一致赞同。自 2007 年以来，潘际銮院士多次莅临九江学院，且一直在学校的本科教育、培养高素质人才与学科建设等方面贡献力量。同时，潘际銮院士是我人生的恩师与楷模，我非常珍惜与潘老及李老师的情谊，在他们 2002 年底返回清华大学后，每年我都必去北京看望二老，聆听他们的教诲。

2011 年，潘际銮院士在一次散步时忽然感到胸闷。检查后发现，他的心脏左主支堵了 90%。一般人堵 70% 就会出现明显不适，但他专注于课题研究，竟没有感觉到。这时已经不能放支架了，需要做开胸的搭桥手术。这年，潘老已经 84 岁了，接近北京阜外医院做搭桥手术的最高龄纪录。我得知潘老做大手术的消息后，不免有些担心，便抽空从九江赶去北京看望与慰问他。但潘老很淡定，对自己的身体很有信心，还与我谈起九江学院的办学方向与学科建设。他果然恢复得很快，术后不到两个月就骑着电动自行车去清华大学焊接馆上班了。

2016 年 12 月，我受邀回南昌大学参加"潘际銮校长九十诞辰暨与李世豫教授金婚纪念庆典"，因感悟师恩，思绪翻涌，遂在庆典上诵读一首"藏头"拙诗（七律）：

贺潘老九十诞辰暨与李老师金婚纪念

潘家望族源瑞昌，际会风云灿祖堂。

銮殿清华育英才，院庭南大创辉煌。

士心系国崇科技，鹤舞赣鄱领飞翔。

寿高九十身康健，喜庆金婚在豫章。

2021年10月初，九江学院决定编撰"九江地域文化读本"系列丛书。我提议以九江学院特聘名誉教授袁隆平院士、校学术委员会主任潘际銮院士与名誉校长杨叔子院士的事迹为题材撰写一书，得到学校领导与各位同仁的赞同，并在几经讨论后，书名确定为《跃上葱茏——九江学院特聘院士风范》。

听我汇报了写作计划后，潘际銮夫妇很高兴地予以鼓励，并给我提供了许多宝贵资料与照片。南昌大学际銮学院党委书记田川为我归类整理了潘院士的相关文件信息，潘院士家乡九江瑞昌市领导与瑞昌市科学技术协会主席范远强给我提供了潘际銮科技教育基地建设和布展的相关资料。《跃上葱茏——九江学院特聘院士风范》一书中潘际銮院士这部分的初稿完成后，我请李世豫教授与范远强主席进行了审定与补遗。

2022年4月初，我给潘老的清华大学住宅拨通电话，李老师接电话后告诉我，95岁的潘老由于病重正在北京医院的ICU救治，我心里非常难受。由于全国各地的严格防控新冠疫情措施与ICU的限定，我无法赴京去看望潘老与李老师。随后我又与李老师通了几次电话，得知潘老的病情渐重。4月19日上午11时稍过，我的清华大学好友高策理博士在得知校办有关信息后，立即给我发了短信"潘老校长去世了……"，我万分悲痛，难忍哭泣。随后我向南昌大学及潘老亲属核实，并向九江学院领导报告此事。校领导高度重视，全校师生沉痛悼念。我于当天下午写了悼文《深切悼念九江学院学术委员会主任潘际銮院士》，并刊登在九江学院校园网。由于北京防控新冠疫情的规定，我不能赴京参加悼念潘老的"告别仪式"，深感遗憾。我向李老师表示了真挚的慰问。

2022年6月9日至11日，李世豫教授携女儿潘焱、长孙潘晨炜一行来瑞昌，为潘院士的骨灰安放家乡做些前期准备。瑞昌市领导与市科协等单位为此做了热情接待与安排。笔者参与了这项活动，为潘际銮科技教育基地（与瑞昌市科技馆合并建设）的工程进展而高兴并深受鼓励。

2023年4月21日，潘际銮院士魂归故里，受李世豫教授的委托，在瑞昌凤凰山，我主持了潘院士骨灰安放仪式。在征得李世豫教授及其亲属的同意与支持下，我与九江学院文学院柯镇昌博士一起，在《跃上葱茏——九江学院特聘院士风范》关于潘际銮院士事迹的基础上，增加资料与照片，扩展成专著《瑞昌骄子潘际銮》，以配合潘际銮科技教育基地的科普教育与潘院士的事迹宣传。

2024年5月22日，潘际銮院士的夫人、北京大学化学与分子工程学院李世豫教授在家中去世，享年93岁。她长年从事分析化学的教学和科研工作，热爱教学，工作认真，为人谦和，深受师生的尊敬和爱戴。她与同事紧密合作，精益求精，在环境保护科技研究上做出了突出成就。她与潘院士夫妻恩爱73年，育有两女一儿和多个孙辈。她不仅协助潘院士在教育、科技等方面做出了重要贡献，而且为家庭的和睦兴旺付出了毕生心血。

5月30日，按照潘院士和李老师的遗愿，在瑞昌市各级领导和家乡人民的帮助下，李老师魂归潘院士故里，其骨灰安放在瑞昌凤凰山，长眠于潘院士旁边。受潘院士与李老师的亲属嘱托，我主持了李老师的骨灰安放仪式。参加仪式的有潘院士和李老师的亲属、乡亲，南昌大学党委书记罗嗣海，九江学院校长陈小林，瑞昌市委常委、副市长高阔，以及潘院士和李老师的诸多好友、后辈弟子。

本书注重普及性与可读性相结合，旨在展示瑞昌籍中国科学院院士潘际銮的高尚风范，阐释在他身上体现的科学家精神，从而为广大民众树立学习榜样，并推动地方经济与社会发展。

在整理与撰写潘际銮院士的主要事迹的过程中，我们感到自身的精神不断得到升华，从中受益匪浅。我们向瑞昌市委、市政府领导与瑞昌市科协的朋友，以及在编著过程中给予热情帮助的各位同仁致以衷心的感谢！

甘筱青

2024年6月16日